高校学前教育专业实践教学体系构建与实施

张钡 著

吉林人民出版社

图书在版编目（CIP）数据

高校学前教育专业实践教学体系构建与实施 / 张钡著. -- 长春：吉林人民出版社，2024. 10. -- ISBN 978-7-206-21552-0

Ⅰ. G61

中国国家版本馆CIP数据核字第20243KL939号

高校学前教育专业实践教学体系构建与实施
GAOXIAO XUEQIAN JIAOYU ZHUANYE SHIJIAN JIAOXUE TIXI GOUJIAN YU SHISHI

著　　者：张　钡
责任编辑：门雄甲　　　　　　　　　封面设计：寒　露
吉林人民出版社出版 发行（长春市人民大街7548号）　邮政编码：130022
印　　刷：河北万卷印刷有限公司
开　　本：710mm×1000mm　　1/16
印　　张：13.75　　　　　　　　　字　　数：200千字
标准书号：ISBN 978-7-206-21552-0
版　　次：2024年10月第1版　　　　印　　次：2025年1月第1次印刷
定　　价：78.00元

如发现印装质量问题，影响阅读，请与出版社联系调换。

前　言

　　随着经济全球化、信息技术的飞速发展以及社会对个性化教育需求的增长，教育领域正在经历一场深刻的变革。在这样的背景下，学前教育作为儿童教育和发展的重要阶段，其重要性日益凸显。因此，如何构建一个既能够满足当代社会需求，又能够预见未来教育趋势的学前教育专业实践教学体系，成为教育工作者和研究者亟须解决的问题。本书基于成果导向教育理念，深入探讨了高校学前教育专业实践教学体系的构建和实施。教育的根本目的在于培养学生的综合能力，包括知识的掌握、技能的运用、情感的培育、价值观的形成等多个维度。因此，本书提出的实践教学体系，不仅注重理论知识的教授，更强调实践技能的培养和综合素质的提高。

　　在这本书中，笔者不仅详细探讨了成果导向教育理念的内涵和应用，还着重分析了如何将这一理念融入学前教育专业的实践教学体系中。笔者讨论了在实践教学体系的构建与实施中，逐步完善实践课程体系、教学体系与评价体系等核心内容的构建，同时采取优化课程教学内容，以及进一步完善实践教学基础设施、监督评价反馈体系建设等措施，以打造出科学化、多元化、现代化的实践教学体系，夯实高校学前教育专业实践型、创新型人才培养的基础。笔者深知，任何教育体系的成功实施都需要坚实的保障机制。为此，本书还深入探讨了保障实践教学体系成功的组织领导、质量监控和服务支持机制。通过这些机制，教育机构可以确保实践教学体系不仅在设计上符合教育目标，而且在实施过程中能够持续提供高质量的教学内容。

在构建实践教学体系的过程中，笔者重视对当前社会需求的深入分析和预见未来教育趋势的能力。教育不应仅仅回应当前的社会需求，更应具备前瞻性，预见未来可能出现的变化，以培养能够引领未来的教育人才。因此，本书在实践体系构建中，融入了创新教学方法、跨学科学习、国际化视野等元素，特别分析了"互联网+"对学前教育实践教学体系的深远影响，旨在为学前教育专业学生提供一个全面、多元、开放的学习平台。

最后，笔者期待本书能够成为一个平台，从而激发更多关于提升学前教育质量的讨论与实践，不仅可以促进学前教育专业的教育工作者、课程设计者和专业人士之间的知识交流，也为他们提供一个反思和创新教育实践的机会。通过本书的研究和探索，笔者期望能够为学前教育领域的发展贡献一份力量，共同迎接教育的新未来。

目　录

第一章　理论综述 / 1

　　第一节　成果导向教育理念概述 / 2

　　第二节　高校学前教育专业实践教学体系分析 / 28

第二章　基于 OBE 理念的学前教育专业实践教学体系框架设计 / 51

　　第一节　实践教学体系的构建原则 / 52

　　第二节　实践教学体系的目标设定 / 62

　　第三节　实践教学体系的构建与实施维度 / 79

第三章　学前教育专业实践教学体系构建与实施的保障机制 / 91

　　第一节　实践教学体系构建与实施的组织领导机制 / 92

　　第二节　实践教学体系构建与实施的质量保障和监控机制 / 110

　　第三节　实践教学体系构建与实施的服务机制 / 118

第四章　基于 OBE 理念的实践教学体系构建与实施策略 / 127

　　第一节　课程体系的优化 / 128

第二节　实践教学体系的重塑　/　141

第三节　实践教学实施的改善　/　150

第四节　"互联网+"实践教学体系的构建与实施　/　156

第五章　学前教育专业实践教学评价反馈体系的健全与完善　/　167

第一节　评价反馈体系构建的必要性　/　168

第二节　塑造多元化的评价反馈体系　/　179

第三节　持续改进机制　/　186

第六章　总结与展望　/　189

第一节　总结与思考　/　190

第二节　实践教学体系的未来展望　/　196

参考文献　/　211

第一章　理论综述

第一节　成果导向教育理念概述

一、成果导向教育理念内涵

"成果导向教育"（Outcome-Based Education, OBE）最先由 Spady（1981）在其发表的《成果导向教学管理：以社会学的视角》一文中提出并使用。[1] 该理念在美国诞生后不久，迅速扩展至全世界范围。20 世纪 90 年代末以来，成果导向教育已逐渐成为全球教育改革的重要趋势之一。其核心宗旨在于确保教育过程中心之所向是学习成果的实现，而非仅仅完成特定的教学活动。成果导向教育理念通过明确学习成果、以成果导向的教学设计、持续的评估与反馈以及基于评估结果的持续改进，为现代教育实践提供了一个全面而系统的框架。这一理念的实施，旨在培养学生的综合能力，满足个体发展和社会进步的需求。

（一）教育目标与社会需求的联结

在探讨成果导向教育理念内涵的过程中，教育目标与社会需求之间的联结成为一个不可忽视的重要维度，如图 1-1 所示。OBE 理念强调的不仅是教育过程的转变，更是教育目的和社会需求之间关系的重新定义。

---

[1] 王晓典，田文君，陈桂香，等.成果导向教育的理论内涵及对高职教育改革的启示[J].职业技术教育，2018，39（8）：26-31.

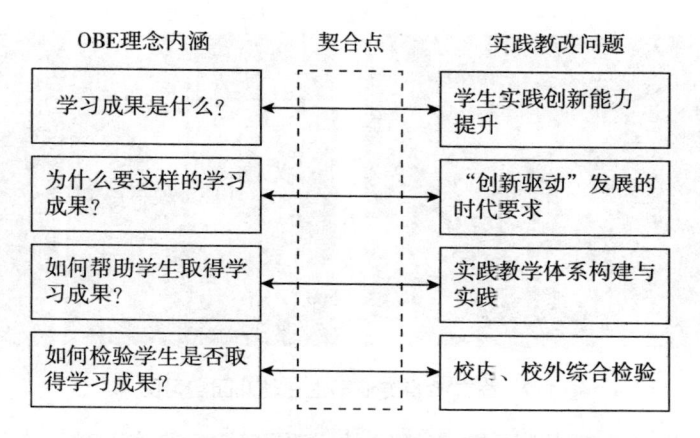

图 1-1　OBE 理念内涵与实践教学问题的契合框架图

1. 传统教育模式面临改革要求

传统的教育模式，以其知识传授为中心的特点，曾经在很长一段时间内支撑了教育体系的运行和发展。这一模式侧重学生对特定知识体系的掌握，旨在通过直接的教学过程，确保学生能够吸收和复现一定量的知识内容。然而，随着社会经济的快速发展和技术革新的持续推进，行业需求和社会结构发生了深刻变化，传统的以课堂和教师为中心的"面对面"的教育模式受到全面挑战[①]，尤其是在满足社会实际需求方面的不足愈加凸显。面对这一挑战，成果导向教育理念应运而生，它代表了一种教育新范式的形成。不同于传统教育模式的知识中心论，成果导向教育将学习成果作为教育活动的核心，强调教育目标与社会需求之间的紧密联系。在 OBE 理念下，教育的目标不再仅仅局限于学生知识的掌握，更重要的是要确保这些学习成果能够直接对接并满足社会发展的实际需求。这种思维转变标志着教育目标的重构，将学生的能力发展、职业准备以及社会适应性放在了更加突出的位置，如图 1-2 所示。

---

① 王昌海，陶斐斐，等. 中国教育信息化研究[M]. 贵阳：贵州人民出版社，2009：205.

图1-2　学前教育专业学生在幼儿园实习图片

成果导向教育强调，教育活动的设计和实施应基于对未来社会和职业领域需求的深入理解。这意味着，教育者需要与时俱进，不断更新教育内容和方法，以确保教育成果能够符合社会的实际需求。在这一过程中，教育者被赋予了更多的责任，不仅要作为知识的传递者，更要成为学生能力发展的促进者和引导者。OBE理念倡导通过多种手段实现教育目标与社会需求的有效对接。这包括但不限于：与行业专家合作，确保教学内容的实用性和前瞻性；采用实践教学和项目学习等方式，提高学生的实际操作能力和解决问题的能力；强化学生的批判性思维和创新意识，以适应社会的快速变化；以及培养学生的社会责任感和伦理意识，促进其成为有益于社会的公民。

2. 教育目标设定的变化

在成果导向教育框架下，教育目标的设定转变为一个更为精细化和深入的过程，不再局限于对学科知识的传授，而是基于对社会需求的全面和深入分析。这种分析包括对当前职业市场的需求考量以及对行业发展趋势的前瞻性预测，从而确保教育成果与社会的实际及未来需求保持一致。这一理念强调了教育与社会需求之间的紧密连接，促使教育内容和方法的设计不再是一个封闭的、自我循环的系统，而是一个开放的、动态适应的过程。在实现教育目标与社会需求连接的过程中，深入分析社会需求成为教育规划和课程设计的首要任务。这要求教育者不仅要关注当前职业市场的需求变化，更要具备前瞻性，对行业的未来发展趋势进行科学预测。这种预测不仅基于对现有数据的分析，也需要紧密关注技术进步、经济结构转型、社会文化演变等多方面的因素，以综合判断未来社会对人才的需求特征。

成果导向教育理念还要求教育内容和方法的设计能够反映和融入实际工作场景、职业技能标准及社会责任感等元素。这种设计理念不仅要求教育者具有深厚的专业知识和广泛的社会视野，也需要他们能够创新教学方法，将理论与实践相结合，让学生在学习过程中能够体验到真实的工作场景，掌握必要的职业技能，并培养对社会责任的认识和承担。通过这种方式，教育过程转变为一个全面培养学生综合能力和社会适应性的过程，帮助学生在毕业后迅速适应社会和职场的需求。实现教育目标与社会需求联结的这一过程，不仅对教育者提出了更高的要求，也对整个教育体系的组织结构、评估机制及资源配置等方面提出了挑战。这要求教育机构不仅要在内部形成有效的沟通和协作机制，以确保教育目标的连贯性和一致性，还需要与社会各界，特别是行业界、政府部门、社会组织等建立广泛的合作关系，以获取最新的社会需求信息，确保教育内容的时效性和前瞻性。

3. 教育目标与社会需求的联结对教学方向和内容进行了重新界定

教育目标与社会需求之间的紧密联结不仅重新界定了教育的方向和内容，而且为教育的实施提供了更为广阔的视角和实践空间。在这一教育模式中，教育者被要求从教学设计的最初阶段开始，就将学生的未来职业生涯和社会参与作为重要的考量因素。这种方法论的转变，不仅提升了教育内容的实用性和时代性，也为学生的个人发展提供了一条更加宽广和多元的道路。

教育目标与社会需求之间的联结要求教育者对教学内容进行深思熟虑的选择和安排。在传统教育模式中，教学内容往往是以学科知识为中心，而在成果导向的教育模式中，教学内容的选择和组织必须围绕学生未来的职业需求以及社会的实际需求进行。这意味着，教育者需要与时俱进，紧密跟踪行业动态和社会变化，确保教学内容不仅反映当前的知识前沿，也可以预见未来的发展趋势。这种联结促进了教育方法的多样化和创新。为了满足学生对未来职业生涯和社会参与的准备，成果导向教育鼓励采用项目学习、问题解决、团队合作等多种教学方法。这些方法能够使学生在真实或模拟的职业场景中学习和实践，不仅提高了学习的主动性和参与感，也有助于学生综合能力的提升，为其未来的职业生涯和社会生活奠定坚实的基础。

4.教育目标与社会需求的紧密联结还促使教育评估机制的变革

在OBE理念指导下，评估的核心不再是单纯衡量学生在特定学科知识上的掌握程度，而是扩展至更广阔的维度，包括学生的综合能力发展、创新思维的培养以及社会责任感的塑造等方面。这种评估方式的转变，不仅更好地反映了教育成果的质量，也为推动教育质量的持续提升提供了坚实的基础。

教育评估的多维度特性要求评估工具和方法能够全面覆盖学生的认知发展、技能掌握、情感态度以及价值观等多个方面。这种全方位的评估，不仅关注学生的知识水平，更加重视学生如何将知识应用于实际问题解决中的能力，如何在团队合作中展现领导力和协作精神，以及如何在面对道德和社会挑战时做出合理判断。通过这种评估，教育者能够更准确地把握学生的全面发展状况，为后续的教学调整和优化提供指导。教育评估机制的变革也体现在对学生创新思维和社会责任感的重视上。在传统教育评估中，这些非认知方面往往被忽略。然而，在OBE理念下，鼓励学生发散思维、创造性解决问题以及积极参与社会实践成为教育的重要组成部分，相应地，评估机制也必须适应这些变化，通过设计相关的评估项目和标准来衡量学生在这些领域的成长和表现。

与传统的以考试成绩为主的评估方式不同，OBE 理念下的评估更加强调过程性评价和及时反馈。这种评估方式能够为学生提供即时的学习反馈，帮助他们及时调整学习策略和方法，从而促进学生持续进步和全面发展。这也为教育者提供了关于教学效果的实时信息，促使他们能够根据学生的实际学习情况，及时优化教学内容和方法。通过多维度、全方位的评估，教育者能够全面了解教育实施的效果，识别存在的问题和不足，从而在教育实践中持续进行调整和改进。这种基于成果的评估和反馈循环，不仅提升了教育活动的有效性，也推动了教育质量的持续提升和教育模式的不断创新。

（二）学习者发展的全面性

成果导向教育理念突破了传统教学模式对学科知识传递的单一聚焦，强调在知识和技能培养的同时，对学习者情感、价值观、态度等非认知方面发展的重视。OBE 理念认为，教育的根本目的在于培育具有综合素质、持续学习能力和强烈社会责任感的个体，这不仅涉及学习者的认知发展，也包含其个性、情感和社会化的全面成长。

1. 全面性发展视角体现了对学习者作为一个整体存在的深刻理解

在这一教育视角下，学习者被视为一个多维度发展的主体，其学习过程不仅限于知识的积累，更包括情感、社交、身体等多个层面的成长。这种对学习者全面发展的重视，体现了对人的本质属性的尊重，强调在教育过程中应全面关注学习者的需求和潜能，旨在培养其成为一个综合素质高、适应能力强、具备持续学习能力和社会责任感的全面发展个体。

OBE理念强调认知发展的同时，对学习者的情感和社交维度予以同等重视。这是基于对人的全面发展的理解，认识到情感态度、社交技能与认知能力之间的相互作用和影响。情感发展，如自信心、韧性、同理心等，对个体适应社会、建立健康人际关系及终身学习能力的培养至关重要。社交维度的发展，则关乎个体如何在社会中有效交流、合作和解决冲突，这些能力对于学习者未来的职业生涯和社会参与具有深远的影响。OBE理念倡导的教育模式，通过提供多样化的学习经验来促进学习者的全方位成长。这包括但不限于传统的课堂学习，更加重视实践活动、社会活动等学习形式的整合。实习、项目制学习等实践活动，能够让学习者将理论知识应用于实际问题解决中，促进其问题解决能力、创新能力和批判性思维的发展。志愿服务、社区活动等社会活动，则有助于学习者建立社会责任感，加深其对社会问题的认识和参与解决社会问题的能力。

OBE理念下对学习者发展的全面性关注，也意味着教育者需要采取更为灵活和个性化的教学策略。教育者不仅是知识的传递者，更是学习者成长过程中的引导者和支持者。这要求教育者能够根据学习者的具体需求设计教学活动，提供个性化的学习支持，促进每一位学习者按其潜能和兴趣全面发展。OBE理念中对学习者全面发展的强调，不仅对个体学习者具有深远的影响，也对社会的整体进步具有积极作用。通过培养具有全面发展能力的学习者，能够为社会输送不仅具备丰富知识和专业技能，同时具有高度情感智力、良好社交能力和强烈社会责任感的人才。这些全面发展的个体，将成为社会进步的重要力量，推动社会向更加和谐、创新的方向发展。

2. 学习者全面发展过程中对非认知能力的培养

在实现学习者全面发展的过程中，OBE理念特别强调了非认知能力的培养，如批判性思维、创新能力、团队合作、自我管理和社会参与等。

OBE理念通过融合课堂教学与实践经验、理论学习与社会实践，旨在创造一个促进学习者多元能力发展的教育环境，以期学习者能够在专业领域以外，展现出高度的适应性和创新性。

批判性思维能力的培养是OBE理念下全面发展策略的核心。在现代社会，面对信息的爆炸性增长和复杂多变的社会问题，学习者需要能够独立思考、分析和评价各种信息和观点，做出理性的判断。教育者通过设计以问题为中心的学习活动，鼓励学生质疑现有的知识和假设，促进其批判性思维的发展。创新能力的培养同样在OBE教育模式中占据重要位置。在快速发展和高度竞争的世界中，创新是推动社会进步和解决复杂问题的关键。OBE理念强调通过提供开放式问题、跨学科项目等，激发学生的创新思维和实践能力，培养他们将新知识、技能和技术应用于实际情境中的能力。

团队合作能力的培养反映了OBE理念对学习者社交维度发展的关注。在多元化的工作和生活环境中，有效的团队合作是实现目标和解决问题的重要途径。通过小组项目、协作学习等形式，学习者在实践中学会倾听、沟通、协调和尊重他人，从而在团队中发挥积极作用。自我管理能力的提升是OBE教育理念下不可或缺的一环。随着知识更新速度的加快，终身学习成为个体发展的必要条件。教育者通过设定明确的学习目标、反馈和自我评估机会，帮助学习者建立有效的学习策略和时间管理技巧，增强自我驱动和自我监控的能力。社会参与能力的培育体现了OBE理念对于学习者作为社会成员责任感的强调。通过参与社区服务、公民教育课程和社会实践活动，学习者不仅能够理解社会运作的机制，也能够培养对公共事务的关心和参与，进一步提升其社会责任感和公民意识。

3. 全面发展下对学习者个人价值观和道德观念的塑造

OBE理念下的全面发展还包含了对学习者个人价值观和道德观念的

塑造。这一方面的发展不仅关乎学习者作为知识接受者的角色，更重要的是作为未来社会成员的角色定位。在 OBE 的实践中，通过多元化的学习经验——包括但不限于课堂讨论、团队合作、社区服务以及跨文化交流——学习者被鼓励进行深度反思，形成独立的思考、批判的分析和道德的判断能力。这种教育过程的核心，是促进学习者对个人、社会和环境责任的深刻认识，并为其成为社会的积极参与者奠定坚实的基础。

价值观和道德观念的塑造在 OBE 理念下起到了核心作用。在这一教育模式中，学习者被看作具有主动性和创造性的个体，其价值观和道德观念的形成被视为教育过程中的重要目标。通过教育过程，学习者不仅获得了知识和技能，更通过对复杂社会现象的探索和理解，形成了关于正义、公平、诚信和尊重多样性的深刻理解。这种价值观的塑造，不仅有助于学习者在未来的生活和工作中做出道德的选择，也使他们具备了对社会不公现象的敏感性和批判性思维能力。OBE 理念强调通过多样化的学习经验促进学习者的价值观和道德观念发展。这些学习经验不局限于传统的课堂学习，更包括社会实践、服务学习和国际交流等。在这些经验中，学习者有机会将理论知识应用于实际情境，面对现实问题时进行道德判断和伦理选择。例如，通过参与社区服务项目，学习者能够直接面对社会问题，理解社会责任的重要性；通过国际交流项目，学习者能够接触不同的文化背景，增进对全球多样性的理解和尊重。

反思和讨论成为 OBE 教育中重要的教学方法。通过引导学习者就具体的社会问题、历史事件或道德困境进行深入讨论，教育者不仅能够促进学习者批判性和独立的思考能力，更能引导学习者进行自我反思，审视个人的价值观和道德立场。这种反思过程，对于学习者形成坚实的价值观和道德观念至关重要。通过 OBE 理念下的全面发展，学习者不仅在认知层面获得了成长，更在价值观和道德观念的层面实现了深度的发展。这种全方位的成长，为学习者未来成为具有社会责任感、道德判断力和全球视野的社会成员奠定了坚实的基础。价值观和道德观念的塑造不仅影响个人的生活选择和职业发展，更能够使学习者在面对全球化带来的挑战和机遇时，展现出对社会贡献的积极态度和行动。学习者通过在 OBE 教育环境中的全面发展，被赋予了解决复杂问题、促进社会公平和可持续发展的能力。

（三）学习成果导向的课程结构与评估理念

成果导向教育对课程结构提出了新的要求，即所有课程设计都应围绕预定的学习成果展开，这一理念对课程结构的构建和评估机制的设计提出了新的要求和挑战。在 OBE 框架下，课程结构的设计必须围绕明确预设的学习成果进行，确保每个教学环节都紧密服务于这些成果的实现。教育评估的多元化与连续性也成为确保教育质量和促进教学改进的关键工具。

1. 课程结构和评估体系的重新构架

OBE 理念的核心在于以学习成果为导向，重新构架课程结构和评估体系，确保教育活动紧密围绕实现预定的学习成果展开。这种教育模式的实施，对教育者在课程规划、教学方法选取、评估方式设计以及教学资源配置等方面提出了新的要求和挑战，要求教育者进行创新性的思考和设计。

学习成果导向的课程结构强调了课程内容选择的针对性和一致性。在这一模式下，教育者必须从预定的学习成果出发，反向设计课程内容和教学活动。这意味着每一个教学单元、每项活动甚至每个教学资源的选用都必须直接服务于实现这些学习成果。例如，旨在培养学生的批判性思维能力，教育者就需要精心设计能够激发学生思考和讨论的学习活动，如案例分析、辩论会或模拟法庭等，以确保教学方法与学习成果的匹配性。学习成果导向的课程结构要求教育者在教学方法的应用上展现出高度的灵活性和创新性。传统的教学方法如讲授法在某些情境下可能仍然适用，但在 OBE 模式下，更加鼓励使用项目式学习、合作学习、翻转课堂等多样化的教学方法。这些方法能够更好地促进学生的主动学习，增强学习体验的互动性和实践性，从而更有效地达成学习成果。教育者需要根据学习成果的具体要求和学生的实际情况，灵活选择和整合不同的教学策略和技术。

　　学习成果导向的课程结构还体现在评估方式的创新上。在 OBE 框架下，评估不仅仅是学习过程的终点检测，更是学习成果实现的重要反馈机制。因此，教育者被鼓励采用形成性评价和总结性评价相结合的方式，运用自评、同伴评价、项目评估等多种评估方法，以全面地了解和促进学生的学习进展。这种多元化和连续性的评估方式，能够为教育者和学习者提供及时有效的学习反馈，支持教学活动的及时调整和优化。学习成果导向的课程结构还强调了教学资源配置的针对性和有效性。在 OBE 理念下，教学资源不仅限于传统的教科书和讲义，更包括网络资源、实验器材、社区资源等多种形式。教育者需要根据学习成果的具体要求，创新性地整合和利用这些资源，为学生提供丰富多样的学习材料和环境，以支持学习成果的实现。这要求教育者具备跨界整合的能力，能够在不同的资源中发现教学潜力，创造性地将这些资源融入教学设计中，从而提高教学的有效性和学习的实践性。OBE 理念下学前教育专业框架结构示意图如图 1-3 所示。

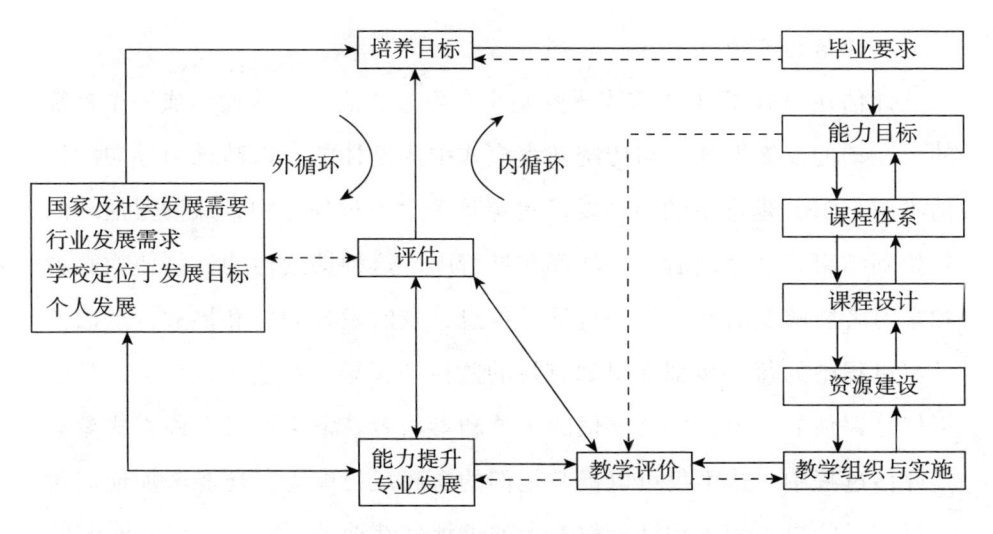

图 1-3　OBE 理念下学前教育专业框架结构示意图

2. 教育评估传统观念的重塑

成果导向教育理念重塑了教育评估的传统观念，将评估从简单的成果检验转变为一个促进学习和教学改进的动态过程。这种转变体现了对教育质量持续提升的深刻理解，认为评估应服务于学生的学习过程、教师的教学方法和整个教育体系的改进。多元化的评估方法能够从不同的角度全面了解学习者的学习进展和成果。在传统的教育评估模式中，笔试和闭卷考试常常是主要的评估手段，这种方法虽然在某种程度上能够测试学生对知识的掌握情况，但对于评价学生的实际应用能力、批判性思维能力及创新能力等方面则显得力不从心。相比之下，OBE 理念下的评估方法包括自我评价、同伴评价、项目式评估等，能够更全面地捕捉学生的学习状态，不仅关注知识的掌握，也关注技能的运用、态度的形成和价值观的培养。例如，项目式评估通过要求学生完成实际项目来考察其解决问题的能力，同伴评价则能增进学生之间的互动，促进彼此学习。

3. 评估的连续性

评估在 OBE 框架下应当贯穿整个学习过程之中，从而形成一个持续的、互动的反馈循环。与传统教育模式中周期性的、以结果为导向的评估不同，OBE 理念下的评估要求贯穿整个学习过程之中，从学习活动的开始到结束，甚至之后，评估都在进行中。这种持续性的评估使教育者和学习者能够实时获取学习进展的信息，及时发现问题和挑战，从而使学习过程中的每一步都能得到有效的监控和指导。在这个过程中，学生不仅是评估的对象，更是评估的主体和参与者。学生通过多种方式参与到评估过程中，这不仅可以提升他们的自我反思能力，还能增加他们对学习过程的投入和主动性。教育者通过评估获取的反馈，可以及时调整教学策略和内容，更有效地满足学生的学习需求。这种互动性的评估机制，促进了教育者和学习者之间的沟通和理解，加强了教育活动的针对性和有效性。通过持续和互动的评估，教育过程变得更加透明和开放，所有参与者——包括学生、教师、管理者甚至是社会利益相关者——都能够对教育活动有一个清晰的了解和合理的期待。这种开放性不仅有助于构建一个共享责任的教育环境，也为教育创新和改进提供了丰富的土壤。

（四）持续提升的教育理念

成果导向教育理念中的持续提升的教育理念，体现了对教育质量改进不断追求的核心价值观。在这一理念下，教育质量的提升不被视为一个有终点的过程，而是一个持续进行的循环，其动力源自对教育实践的持续反馈、评价与改进。这种思维方式要求教育机构不仅要定期地收集与学习成果相关的数据，还要将这些数据作为深入分析的基础，用以识别教学实践中存在的问题，并据此形成有效的改进措施，从而不断提升教育的有效性和效率。持续提升的教育理念要求基于学习成果的评估结果对教育实践进行不断的反思和改进。这意味着教育机构需要将评估数据转化为改进行动的依据，对课程内容、教学方法及评估方式等进行适时的调整和优化。例如，评估结果显示学生在某一学习成果上的表现不佳，教育者需要分析原因并及时调整相关的教学策略，或是更新课程内容以更好地满足学生的学习需求。这种基于成果的持续改进过程，确保了教育活动能够灵活适应学生的学习情况和社会的发展变化。

持续提升的教育理念还体现了教育机构对教育质量改进的系统性和计划性。为了实现教育质量的持续提升，教育机构需要建立一套完善的质量保障体系，包括但不限于定期的教育评估、数据分析、问题诊断、改进计划的制订与执行等。这一体系不仅能够帮助教育机构持续追踪教育活动的效果，还能够促进教育资源的合理配置和利用，提高教育活动的整体效率和质量。持续提升的教育理念反映了对教育活动持续改进的深刻认识和长远规划。这种理念鼓励教育机构建立一种开放、反思和自我完善的文化，鼓励教育者和学习者共同参与到教育质量改进的过程中。通过持续的努力和不断的探索，教育机构不仅能够应对当前的教育挑战，也能够预见并迎接未来的教育需求和变化。

二、成果导向教育理念的核心特征

（一）学习成果的明确性和可测量性

成果导向教育理念中的学习成果的明确性和可测量性是其核心特征之一，标志着教育活动从传统的教学过程导向转变为学习成果导向。这一转变强调在教育规划和设计阶段就需明确界定学习目标，并将这些目标转化为具体、可衡量的学习成果。此举旨在确保教育活动围绕达成这些预设成果进行，从而提高教育效率和质量，使学生的学习过程更加目标明确和成效显著。

学习成果的明确性要求教育者在课程设计之初，就对学习目标进行清晰的界定。这些学习目标需要具体明确，以便转化为可操作的学习成果。这一过程涉及对教育活动所期望达到的知识、技能、态度等方面进行全面考量，确保这些学习成果能够全方位地反映学生所需掌握的核心能力。明确的学习成果不仅为学生提供了清晰的学习方向和目标，也为教育者提供了教学设计和实施的基础，确保所有教学活动都能够有效地支持学生达成这些成果。学习成果的可测量性意味着教育者需要将学习目标转化为可以通过具体指标衡量的成果。这要求教育者在课程设计阶段就明确学习成果的评估标准和方法，确保这些成果既可以定性描述，也可以通过定量方法评估。可测量的学习成果使学生的学习进展和成就可以通过客观的数据进行评价和反馈，从而支持教育质量的持续提升和教学策略的精准调整。

通过明确具体、可衡量的学习成果，OBE理念将教育过程转变为更加目标导向和结果导向。这种以学习成果为中心的教育模式，强调教育设计、实施和评估的每个环节都必须围绕着这些预定的学习成果进行。这不仅涵盖了知识的掌握，更重要的是技能的习得、态度的形成以及价值观的培养。明确性和可测量性的结合，为教育活动提供了清晰的方向和评估标准，不仅确保了教育活动的有效性和针对性，也促进了学生能力的全面发展。

（二）以学习者为中心

成果导向教育理念中的"以学习者为中心"标志着一种从传统的以教师为中心的教学模式向学生主导的学习过程的转变。这种转变强调应赋予学生更大的学习主动权，将他们置于教育活动的核心位置，以此促进学生全面、深入地学习和成长。在这一教育模式下，学生不再是被动的知识接收者，而是主动的学习参与者，他们通过探究、合作和反思等多种方式积极参与到学习过程中，而教师扮演着指导者和促进者的角色，为学生的学习旅程提供支持和资源。

1. 以学习者为中心的教育理念强调了学生主体性的重要性

这种教育模式强调学生的主体性和个体差异，认为教育活动的设计和实施应全面考虑学生的需求和兴趣，以促进每位学生的全面发展和个性化成长。在这一理念的指导下，教育活动不再是一种单向的知识传授过程，而是变成了一个以学生为核心，教育者与学生共同参与的互动过程。每位学生都具有独特的学习风格、兴趣点和能力水平，这些个性化特征决定了他们学习的最佳方式。因此，教育者在设计教学活动时，需要从学生的角度出发，深入了解学生的个性化需求，通过多样化的教学方法和灵活的教学策略，为学生提供适合其特点的学习机会。例如，对于喜欢通过实践学习的学生，教育者可以设计更多的实验和项目式学习活动；对于偏好视觉学习的学生，则可以使用更多的图表和视频材料。

以学习者为中心的教育理念强调了教育活动的个性化和定制化。这不仅意味着教育内容的多样化，更重要的是教育过程的灵活性和适应性。教育者应根据学生的学习进度和成果，及时调整教学计划和内容，以确保教育活动能够最大限度地满足学生的学习需求。教育者还应鼓励学生根据自己的兴趣和目标，参与到学习路径的设计中来，使学习过程成为学生自我探索和自我实现的过程。以学习者为中心的教育理念还促进了学生学习主动性和自主性的提升。在这种教育模式下，学生被鼓励成为学习过程的主导者，通过探究、合作、反思等方式主动参与学习。教育者的角色转变为指导者和促进者，他们提供必要的学习资源和支持，帮助学生构建知识体系，提高问题解决能力，同时促进对学生的批判性思维和创新能力的培养。这种以学生为主导的学习过程，不仅能够提高学习效率和效果，还能增强学生的学习兴趣和学习动力。

2. 以学习者为中心的教育方法强调学生积极参与的重要作用

以学习者为中心的教育方法鼓励学生通过探究、合作和反思等方式积极参与学习。这不仅极大地丰富了学生的学习体验，也深化了学生对知识的理解和应用。这一段落将深入探讨探究式学习、合作学习以及反思等教学策略在以学习者为中心的教育方法中的应用及其对学生学习过程的影响。

探究式学习作为一种以学习者为中心的教学方法，其核心在于激发学生的主动探索精神，通过提出问题、寻找解决方案、实验验证到最终得出结论的过程，学生能够在主动探索中构建自己的知识体系，如图1-5所示。这种学习方式要求教育者设计开放性的问题，鼓励学生进行独立思考和团队协作，以解决实际或模拟的问题。通过这一过程，学生不仅能够获得知识，更重要的是能够培养问题解决能力、批判性思维能力以及创新能力。合作学习侧重于学生之间的互助与交流，它通过小组合作的形式，让学生在完成任务的过程中学会沟通、协调和相互支持。这种学习方式不仅能够有效促进学生的社交技能和团队合作精神，也能够让学生在相互交流和讨论中，从不同的角度和视角理解和掌握知识，促进学生对知识的深层次理解。此外，合作学习还能够增强学生的归属感和集体责任感，为学生构建积极的学习环境。反思作为学习过程中的一个重要环节，它鼓励学生在学习过程中定期回顾和思考自己的学习经历，识别学习中的优点和不足，从而进行自我调整和改进。反思能够帮助学生深化对学习内容的理解，增强学习的自觉性和主动性，是个人成长和学习深化不可或缺的部分。教育者可以通过引导学生进行日志写作、学习报告或定期面谈等方式，促进学生的反思能力的发展。

图1-4 学生进行婴儿抚触实训练习

　　这些以学习者为中心的教育方法的实施，对学生的学习体验和学习效果产生了深远的影响。通过探究式学习、合作学习和反思，学生能够在一个鼓励探索、合作和自我反思的环境中学习，这不仅加深了他们对知识的理解和应用，也促进了他们关键技能的发展，为他们的终身学习和个人成长奠定了坚实的基础。

　　3.教师在以学习者为中心的教育模式中，角色发生了根本性的转变

　　传统教育模式中，教师通常扮演着知识的传递者和权威的角色，而在以学习者为中心的教育模式中，教师的角色发生了根本性的转变，成为学生学习过程中的指导者和支持者。这一转变强调了教师在促进学生个性化学习和发展中的积极作用，要求教师不仅具备传授知识的能力，更重要的是具备引导学生探究、激发学生兴趣、促进学生反思的能力，以及能够根据学生的反馈和学习成果灵活调整教学策略和内容，如图1-5所示。

（a）手势舞　　　　　　　　（b）绘本阅读

图1-5　学前教育专业课程进行翻转课堂教学

教师作为指导者的角色定位，就意味着教师从传授者的角色中解放出来[①]，要求教师具备引导学生进行自主学习的能力。在以学习者为中心的教育模式中，教师需要设计开放性问题，鼓励学生通过探究式学习主动寻找答案。这不仅需要教师有较强的问题设定能力，还需要教师能够提供适当的资源和指导，帮助学生在探索过程中不断进步。例如，教师可以通过案例分析、项目驱动等方法，引导学生将理论与实践相结合，深化对知识的理解。教师作为激发者的角色，需要教师能够根据学生的兴趣和需求，设计吸引学生参与的学习活动。这要求教师具备高度的创新性和灵活性，能够运用多种教学手段和技术，激发学生的学习动机和兴趣。例如，教师可以利用数字工具和多媒体资源，创造丰富多彩的学习环境，让学生在享受学习的同时提高学习效率。

教师作为支持者的角色，要求教师能够为学生提供必要的学习支持和资源。这包括但不限于对学生学习过程中遇到的困难给予及时的帮助，为学生提供反馈和建议，帮助学生进行学习反思和自我评估。教师在这一过程中需要具备良好的沟通技巧和同理心，能够从学生的角度出发，

---

① 韦冬余.创生性课程与教学：创生取向课程实施与探究教学论[M].武汉：华中师范大学出版社，2012：141.

理解学生的需求，提供个性化的支持。教师角色的转变还体现在教学策略和内容的灵活调整上。教师需要根据学生的学习进度、学习成果和反馈，不断调整教学计划和教学内容。这要求教师具备高度的敏感性和适应性，能够及时捕捉学生学习状态的变化，做出相应的教学调整。

（三）持续评估与反馈

持续评估与反馈机制在成果导向教育中占据了核心地位，这不仅因为它们是衡量学习成果达成情况的直接手段，更因为它们对于促进学生学习、指导教学调整具有重要的作用。通过形成性和总结性评估的有效结合，教育者能够及时获得学生学习进度的信息，从而实施必要的教学调整，学生则能够通过即时反馈了解自己的学习状态，对学习策略进行相应的调整，从而优化学习过程和提高学习效果。开展持续评估示意图如图1-6所示。

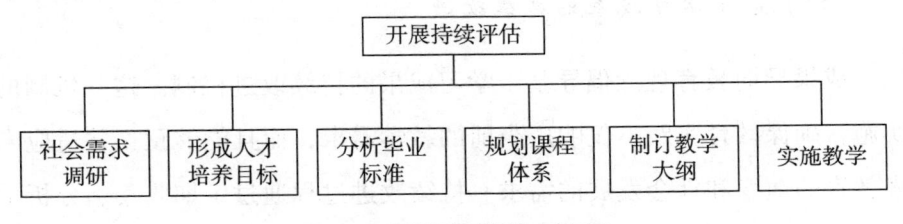

图1-6 开展持续评估示意图

在OBE框架下，评估不应仅仅发生在学习过程的末尾作为一种成果的验证，而应当贯穿整个学习过程之中，形成一个持续的信息反馈循环。形成性评估通过在学习过程中的多个时间点进行，为学生提供及时的反馈，帮助他们识别学习中的问题，调整学习策略。总结性评估则在学习周期的末尾进行，总结学生的学习成果，评价学习目标的达成程度。这种评估机制的设计，确保了学生能够在学习过程中不断获得反馈，而教育者也能根据评估结果对教学活动进行及时的调整和优化。评估不仅是衡量学生学习成果的工具，更是一个促进学生学习、指导教学调整和改进的重要手段。这要求评估方法多样化，以适应不同学习成果的评价需求。除了传统的笔试、口试等评估方法，教育者还应采用报告、项目、实践操作、同伴评价等多种评估形式，以全面、客观地评价学生的知识掌握、技能应用、态度形成等多维度的学习成果。通过多样化的评估方法，可以更全面地了解学生的学习状态，为教育者提供更为精准的教学调整依据。

持续评估与反馈机制还强调了评估的参与性。在这一机制下，学生不再是评估的被动对象，而是成为评估过程的主动参与者。学生通过自评、同伴评价等方式参与评估活动，不仅能增强自我反思的能力，还能提升自我管理和自我调整的能力，从而在学习过程中发挥更主动的作用。这种参与性的评估机制也促进了教育者与学生之间的互动和沟通，增强了评估的透明度和公正性，为建立积极的学习氛围提供了支持。

（四）基于学习成果的持续改进

成果导向教育理念倡导基于学习成果的持续改进机制。这一机制的实施，确保教育实践不仅响应当前的教学需求，而且能够预见并适应未来教育的演变和社会发展的需求。持续改进过程通过定期收集、分析学习成果数据，并据此评估并调整教学策略和课程设计，形成了一种动态的、以数据为驱动的教育质量提升模式。在成果导向教育理念下，所有教育活动的设计和实施都紧密围绕预定的学习成果展开。这要求教育机构在课程规划和教学设计阶段就明确学习成果的具体内容和标准，以确保教育活动能够有效地指向这些成果。通过明确的学习成果作为评价和反馈的依据，教育者可以更准确地衡量教学效果，从而为后续的教学改进提供可靠的数据支持。这种机制不仅包括对学生学习成绩的评估，还涵盖了学生学习态度、技能掌握程度和价值观形成等多维度的分析。通过对这些数据的深入分析，教育机构能够识别教学过程中的优势和不足，发现潜在的教学问题，从而制定针对性的改进措施。例如，如果数据分析发现学生在某个学习成果上普遍表现不佳，教育者可能需要重新考虑该成果的教学方法或学习资源的配置。

在快速变化的社会和知识更新加速的背景下，教育内容和方法需要不断地调整和更新，以满足新的教育需求和挑战。持续改进机制确保教育机构能够根据学习成果数据及时调整课程内容、教学方法和评估策略，使教育活动始终与时俱进，满足学生和社会的发展需求。这种以数据为基础的反思和改进过程，鼓励教育者持续地关注教育质量，形成一种积极主动、持续改进的教育文化。这不仅有利于提升教育质量和教学效果，还能够激发教育者的创新精神，促进教育实践的持续发展。

三、成果导向教育理念的价值意蕴

（一）促进教育公平

成果导向教育理念在教育领域内的推广，体现了对教育公平的深刻关注和承诺。通过将学习成果置于教育过程的核心，OBE理念旨在为每一位学生提供符合其个性化需求和潜能发展的学习机会，无论他们的起点如何。这种教育模式通过明确和量化的学习目标，支持教育者实施精准的教学策略和适时的调整，确保所有学生都有机会实现预定的学习成果，从而推动教育公平的实现。

OBE教育理念通过确保所有学生明确了解学习目标和预期成果，为促进教育公平提供了坚实基础。在传统教育模式下，教育资源往往倾向于分配给那些表现更优秀的学生，而学习困难的学生可能得到较少的关注和支持。相反，OBE理念强调通过为每个学生设定清晰、具体的学习成果目标，使他们不论背景或能力如何，都能获得达成这些成果所需的指导和支持。这种做法有助于平衡教育资源的分配，确保每位学生都能获得适合自己的学习支持，从而缩小学生之间的差异。OBE教育理念倡导根据学生的个性化需求实施教学策略和调整，这为学生提供了平等的学习机会。通过对学生学习风格、速度和能力水平的综合考虑，教育者可以设计出更为个性化的学习计划和教学方法，使每位学生都能在自己的节奏中进步。这种教学策略的灵活性和适应性，使教育更加关注个体差异，支持所有学生按照自身条件取得成功，进一步促进了教育公平。

OBE教育理念的实施还有助于构建更加包容和支持的学习环境。在这样的环境中，每位学生都被视为具有独特价值和潜能的个体，他们的学习进程得到尊重和鼓励。教育者不仅关注学生学习成果的实现，更关心学生学习过程中的体验和成长。这种以学生为中心的教育态度和环境，为所有学生营造了平等参与学习和表达自我的空间，有助于培养学生的自信心和学习动力，从而进一步促进教育公平。OBE教育理念通过持续评估和反馈机制，确保教育实践能够及时响应学生的学习需求和社会的变化，从而使教育内容和方法保持现代性和相关性。这种持续改进的过程不仅提升了教学质量，还确保了教育能够平等地服务于所有学生，满足他们面对未来挑战的需求。

（二）提高教育质量和效率

成果导向教育理念的实施旨在通过设定明确的学习成果目标，使教育过程更加目标明确和系统化，从而显著提高教育的质量和效率。OBE模式下，教育活动的每一环节——包括教育内容的设计、教学方法的选择、评估方式的实施——都是围绕清晰定义的学习成果来展开，确保教育过程的每一步都对达成这些成果至关重要且高度相关。

OBE教育理念通过明确学习成果目标，为教育过程提供了清晰的指向性和目标性。在传统的教学模式中，教育内容往往侧重于知识的传递，而忽视了学习的实际成果，导致教学活动缺乏明确的目标导向。OBE模式下，通过预先设定具体、可衡量的学习成果，教育者可以更有针对性地设计教育内容和教学活动，确保每项教学设计都服务于实现这些成果，从而提高教学活动的针对性和有效性。OBE理念通过持续评估和反馈，促进了教育质量的持续提升。在OBE模式下，教育者不仅在教学过程结束时对学生的学习成果进行评估，更通过形成性评估不断监控学生的学习进度，及时发现学习中的问题和挑战。这种持续的评估和即时的反馈机制，使教育者能够根据学生的实际学习情况灵活调整教学策略和内容，实现教学活动的实时优化，从而有效提升学生的学习效果和教育质量。

OBE教育理念的实施有助于确保教育实践能够及时适应社会发展和教育需求的变化。通过定期收集和分析学习成果数据，教育机构可以及时了解教育活动的实际效果，识别教育实践中的不足，并据此进行必要的调整和优化。这种基于数据的持续改进过程，确保了教育活动始终能够高效地满足学生和社会的需求，从而在提高教育质量的同时，提高了教育系统的整体效率和适应性。

（三）提升学生的实践能力和终身学习能力

OBE教育理念注重实践能力的培养和终身学习能力的发展。这不仅是对学生未来职业生涯的直接投资，也是为他们在不断变化的社会中自我更新和进步提供必要条件。

OBE通过设定与真实世界紧密相关的学习成果，确保学生能将理论知识有效地应用于实践中，同时通过鼓励自我评估和反思，培养学生的自主学习和自我提升能力，为其终身学习和持续发展奠定坚实的基础。在OBE体系中，学习成果不仅涵盖了知识的掌握，更重要的是技能的应用、问题解决能力以及创新能力的培养。这要求教育内容和教学活动必须与学生未来的工作环境和社会需求紧密相连，通过项目学习、实习、案例分析等多样化学习方式，让学生在真实或模拟的工作场景中应用所学知识，解决实际问题，如图 1-7 所示。这种学习方式不仅加深了学生对知识的理解，更提升了他们将理论转化为实践的能力，为学生的职业生涯和个人发展奠定了坚实的基础。

（a）石头画　　　　　　　　（b）餐盘脸谱

图 1-7　学前教育专业学生创造性作品展示

在 OBE 模式下，学生被鼓励对自己的学习过程和学习成果进行持续的自我评估和反思，这种自主性的学习过程使学生能够识别自己的学习需求，发现自我提升的空间。通过这一过程，学生不仅能够在学习过程中积极主动地调整学习策略，更重要的是能够培养出对自我学习能力的认知和自我驱动的习惯，这对于学生未来的终身学习和职业发展具有重要意义。通过在教学过程中设置具有挑战性的目标和标准，学生在实现这些学习成果的过程中能够不断克服困难，实现自我超越，从而增强自信心和成就感。OBE 模式下的学习过程强调学生对自己学习成果的责任，这种责任感的培养对于学生形成积极的学习态度、提升个人能力具有重要作用。

（四）推进教育系统的持续改进和创新

成果导向教育理念在推动个别学习者的成长和发展的同时，更加强调整个教育系统的持续改进和创新。OBE 理念认为，教育质量的提升不是一项短期任务，而是一个需要教育机构持续投入、不断迭代的过程。通过定期评估学习成果并基于评估结果调整教育策略和内容，OBE不仅促进了教育实践的适应性和灵活性，也为教育创新提供了源源不断的动力。

OBE教育理念通过强调学习成果的明确性和可测量性，为教育系统的持续改进提供了可靠的基础。在OBE模式下，所有教育活动都围绕着明确的学习成果展开，这些成果既包括知识的掌握，也包括技能的应用、态度的形成等多维度的能力。通过对这些学习成果的定期评估，教育机构能够客观地了解教育实践的效果，识别存在的不足，并据此进行必要的调整。这种以数据为基础的持续改进过程，确保了教育系统能够及时响应学生的学习需求和社会的变化。在OBE框架中，持续的评估不仅是一种外部监控工具，更是教育机构内部反思的起点。通过对教育活动的自我评估，教育者可以深入分析教学方法、教育内容和评估策略的有效性，从而发现教育实践中的创新点和改进空间。这种持续的内部反思和自我完善过程，激发了教育机构对教育质量的持续关注，推动了教育实践的不断优化和创新。

OBE教育理念通过促进教育实践的适应性和灵活性，为教育创新提供了土壤。在快速变化的社会环境中，教育内容和方法需要不断地更新和调整，以适应新兴的教育需求和挑战。OBE模式鼓励教育机构基于学习成果的评估结果，灵活调整教育策略和内容，这不仅提高了教育系统对变化的响应能力，也为教育创新提供了可能。通过持续探索更有效的教学方法和学习路径，OBE推动了教育实践的创新和发展。OBE教育理念的实施为教育系统的持续改进和创新提供了持久的动力。通过建立一套以学习成果为核心的教育评估和反馈机制，OBE不仅确保了教育质量的持续提升，也促进了教育内容和方法的持续创新。这种动态的改进和创新过程，使教育系统能够更好地适应未来的挑战，为学生提供更高质量、更具创新性的教育服务。

第二节　高校学前教育专业实践教学体系分析

一、学前教育专业实践教学体系的内容构成

实践教学体系实现了实践教学活动中不同要素的有机整合，涵盖了目标体系、内容体系、管理体系、保障体系以及评价体系等关键部分。这些子体系不仅各自承担特定的职能，展现独特的作用，还需相互协作和配合，确保实践教学体系能够协调一致地运作，共同达成设定的实践教学总体目标。通过这种有机的结合和协调，实践教学体系能够有效地支持学生的学习和发展，实现教育目标的高效完成。高校学前教育专业科学发现实训室如图 1-8 所示。

（a）科学发现实训室　　　　　　　（b）实训室收纳柜

图 1-8　高校学前教育专业科学发现实训室

（一）目标体系

目标体系是依据人才培养目标和标准要求，结合各专业的特色，制定的涵盖本专业整体及各具体实践教学环节教学目标的综合体。在实践

教学体系中，它承担着关键的引导和驱动角色，确保实践教学的方向与专业培养目标一致，有效引领实践教学各环节的顺利进行，保证教育质量和培养效果达到预期标准。

1.目标体系旨在通过一系列实践活动实现教育目的

目标体系通过实践活动实现的教育目的包括使学生获得实践知识、开阔视野、丰富和活跃思维、加深对理论知识的理解和掌握，并在实践中修正、拓展和创新理论知识。这些目标的设定体现了学前教育专业对学生综合能力发展的重视，以及教育过程中理论与实践相结合的必要性。通过实践活动让学生亲身体验和操作，从而获取实践经验和技能。这种通过实践获得的知识更为深刻，易于学生理解和记忆，有助于学生将理论知识与实际操作相结合，提高其职业技能和工作效率。实践教学活动通过开阔学生视野、丰富和活跃学生的思维，促进学生的创新意识和批判性思维能力的发展。在多样化的实践活动中，学生有机会接触到各种教育场景和问题，这不仅能够拓宽他们的知识视野，也能够激发他们对现有知识和技能的思考和质疑，从而培养其独立思考和创新解决问题的能力。

实践教学活动促进学生对理论知识的理解和掌握。通过将理论知识应用于实践中的具体问题解决过程，学生能够更深刻地理解理论知识的内涵和应用价值，这种理解是通过单纯的课堂学习难以达到的。这种应用过程也为学生提供了对理论知识进行检验和验证的机会，使他们能够在实践中发现理论的不足，进一步加深对理论知识的掌握。在面对实际教育问题和挑战时，学生需要运用所学理论知识进行分析和解决，这个过程往往伴随着对现有理论的修正和拓展。实践中遇到的新问题和新情境也会激发学生的创新思维，推动他们对理论知识进行创新性的应用和发展。

2. 目标体系的构建以培养学生的基本技能与专业技术技能为核心

在构建学前教育专业实践教学体系的目标体系中，培养学生的基本技能与专业技术技能占据了核心地位。这些技能不仅包括实践能力和职业素质，还涉及获得相应职业资格证书的能力，这些能力共同构成学生从事学前教育行业所必需的素质和能力框架。这一目标的设定基于对学前教育专业人才需求的深刻理解，旨在通过实践教学活动，为学生提供系统的、实际操作性强的学习经验，确保他们毕业后能够胜任学前教育领域的工作需求。实践能力指的是学生将理论知识应用于实际教育情境中，进行有效教学设计、执行和评估的能力。这包括了课程规划、教学管理、幼儿观察记录、幼儿园日常管理及与家长沟通等多方面的技能。通过模拟教学、实习实训、案例分析等形式的实践活动，学生能够在真实或模拟的教育环境中锻炼这些技能，从而提高自己解决实际问题的能力。

提升学生的职业素质，使其具备从事学前教育行业的综合素质，是实践教学体系目标体系中不可或缺的部分。职业素质包括职业道德、团队协作精神、沟通能力以及自我管理能力等。这些素质是学前教育工作者在日常工作中必须具备的，对于建立良好的教师形象、促进幼儿健康成长以及维护和谐的教师与家长关系均至关重要。通过实践活动，学生有机会在实际工作环境中学习如何与人交往、如何管理自己的情绪和行为，以及如何高效地完成团队任务。实践教学体系还旨在帮助学生获得职业资格证书。在当前学前教育领域，专业资格证书越来越成为衡量教育工作者专业水平的重要标准之一。通过组织学生参加职业资格证书考试的辅导与培训，实践教学不仅提供了获取证书的机会，更通过这一过程加深了学生对专业知识的理解和掌握，提升了其职业竞争力。

3. 多重目标的实现

强化实践情感与实践观念、培养良好的职业道德与责任意识，以及培育科学态度和创新精神等方面的目标，不仅涵盖了学生专业技能的提升，更广泛地触及了学生作为未来教育工作者的内在素质和价值观的培养。实现这些目标，对于学生能够在学前教育领域中高效、负责任地工作，以及持续创新和发展至关重要。

实践情感是指学生对从事学前教育实践活动的热爱和兴趣，实践观念则涉及学生对教育实践重要性的认识和理解。通过与儿童的直接互动、参与教学设计和实施等实践活动，学生能够深刻感受到教育工作的意义和价值，从而增强他们投身学前教育行业的情感和动力。职业道德包括诚实守信、公正无私、爱岗敬业等基本原则，责任意识则要求学生能够认真对待每一位儿童的成长和发展，为儿童提供安全、健康、富有启发性的学习环境。这些品质的培养不仅需要理论学习，更需要在实践活动中不断体验、反思和内化。

培养学生实事求是的科学态度和严谨的工作作风[1]，对于提升学生的专业素养至关重要。科学态度要求学生在面对教育问题和挑战时，能够基于事实和证据进行分析和判断，避免主观臆断。刻苦钻研、坚忍不拔的工作作风，则使学生能够在遇到困难和挑战时，不轻言放弃，持续寻找解决方案。在快速变化的教育环境中，仅仅掌握现有的知识和技能是不够的，学生还需要具备持续学习和创新的能力，以应对新的教育需求和挑战。通过鼓励学生参与教学研究、项目创新等活动，实践教学能够激发学生的好奇心，培养他们面对未知问题时的探索欲和创新能力。

---

[1] 姚秀娟，林树新. 基础医学实验机能学[M]. 西安：第四军医大学出版社，2002：79.

（二）内容体系

内容体系决定着实践教学目标和任务的实现程度。内容体系的设计和构建，是将实践教学目标具体化、系统化的过程，通过科学合理地配置不同实践教学环节（如实验、实习、实训、课程设计、毕业设计、创新制作、社会实践等），形成了一个以技术应用能力培养为主体，按照基本技能、专业技能和综合技术应用能力等层次逐步安排的实践教学内容体系。这一体系不仅确保了实践教学的目标和任务能够在各个环节中得到有效落实，也保证了学生能够在实践中掌握必备的、完整的、系统的技能和技术，如表1-1所示。

表1-1 课程与毕业要求的关联度矩阵图

课程名称（教学环节）	_____学前教育专业毕业要求_____							
	1	2	3	4	5	6	7	8
毕业论文和社会实践			M				H	H
教育见习	M	H	M	M	H	M	H	M
教育实习	M	H	M					
教育研习		M	M	M	M	L	H	M

注：毕业要求1.师德规范；2.教育情怀；3.保健知识；4.保健能力；5.班级管理；6.综合育人；7.学会反思；8.沟通合作；M.中级支撑；H.高级支撑。

实践教学内容体系的设计以技术应用能力的培养为主体，这反映了学前教育专业对学生实践能力培养的重视。在当前的教育背景下，学生的技术应用能力，尤其是将理论知识应用于实际教育场景的能力，被视为其职业发展的关键。因此，内容体系的构建需要围绕如何通过实践活动有效培养学生的这一能力进行。实践教学内容体系的层次性设计，即按照基本技能、专业技能和综合技术应用能力的层次逐步安排教学内容，体现了教育的循序渐进原则。这种设计不仅有助于学生从简单到复杂、从低级到高级逐步深入学习，更能确保学生在每一阶段都能够获得适宜的学习体验和技能训练，为后续更高层次技能的学习打下坚实基础。

实践教学内容体系中各个教学环节的合理配置，是确保学生能够全面掌握技能和技术的关键。每个教学环节都有其独特的教学目标和功能，如实验强调基础技能的培养，实习重视专业技能的应用，课程设计和毕业设计则侧重于综合技术应用能力和创新能力的培养。通过这些环节的有机结合，学生能够在多样化的实践活动中，全面、系统地掌握学前教育领域所需的各项技能和技术。通过将理论与实践相结合的教学内容安排，学生不仅能够深化对学前教育理论知识的理解，还能在实践中不断发现问题、解决问题，实现知识与技能的转化，促进个人职业技能的提升和专业素养的完善。

（三）管理体系

管理体系涵盖了组织管理、运行管理、制度管理以及评价指标体系，为整个教学体系提供信息反馈和调控功能。这一体系确保实践教学的有序进行，通过对教学活动的综合协调和监督，促进教学目标的实现。管理体系通过制定明确的管理制度和评价标准，对教学过程进行质量控制，及时调整和优化教学策略，保障教学质量和效率。

1. 组织管理

组织管理主要涉及学院相关部门，如实训管理中心的宏观管理职能，以及学前教育专业院系班级在实践教学组织与实施中的具体职责。这一管理机制的设置，旨在确保实践教学活动能够高效、有序地进行，同时保障教学质量和教学目标的实现。实训管理中心等学院相关部门的管理职责包括制定实践教学的总体规划、管理办法和措施，确保实践教学活动符合学院的教育理念和培养目标。宏观管理的主要职责还包括对实践教学资源的分配、教学场所的管理以及实践教学质量的监控。通过这些宏观管理活动，可以为实践教学提供一个稳定的外部环境，保障实践教学活动的顺利进行。

院系班级需要根据实训管理中心制定的总体规划和要求，具体负责实践教学活动的组织与实施。这包括设计实践教学活动的具体内容、安排教学日程、指派教学人员以及监督学生的实践学习过程。院系班级的这一职责，不仅要考虑到实践教学活动的实际需要，也要兼顾学生的个性化学习需求，确保每位学生都能在实践教学中获得必要的学习体验和技能培养。

2. 运行管理

运行管理的核心任务包括制订全面的实践教学计划、编制实践课程标准、编写实践教学指导书、规范实践教学考核方法，以及针对行业需求安排毕业设计（论文）等环节。此外，运行管理还涉及准备工作、安排落实、检查，以及成绩评定和工作总结等四个关键环节的严格把控。

（1）制订系统的实践教学计划是运行管理的基础。该计划需要综合人才培养方案的要求与实践教学的目标，精确地梳理出实践教学的各个阶段和环节，确保实践教学活动与教育目标紧密对接。实践教学计划的科学性和系统性直接影响到实践教学成效的实现。

（2）基于实践教学计划，运行管理需要编制实践课程标准。这一标准明确了实践教学的具体内容、教学要求和评价标准，是确保实践教学质量的关键。通过实践课程标准，教师和学生可以清晰了解实践教学的目标和要求，从而保证实践活动的高效和有序进行。

（3）编写实践教学指导书是运行管理中的又一重要环节。指导书提供了详细的实践教学内容、方法、步骤和评价指标，为教师的教学和学生的学习提供了标准化和规范化的指导。实践教学指导书的存在，增强了实践教学的针对性和指导性。

（4）规范实践教学的考核方法同样是运行管理的关键部分。考核方法需要科学、合理，能够全面评估学生的实践技能和理论知识的应用能力。通过规范化的考核，可以确保对学生实践能力的准确评价，从而指导学生在实践教学中的持续改进和学习。

运行管理的这四个关键环节——准备工作、安排落实、检查、成绩评定及工作总结，构成了实践教学运行管理的闭环。这一闭环确保了从实践教学前的充分准备到教学后的有效总结，每个环节都能得到严格的管理和控制，从而保障实践教学活动的质量和效果。

3. 制度管理

通过制定一系列细致的管理文件和制度，制度管理不仅为实验（实训）、实习、毕业论文（设计）以及学科竞赛等实践教学环节提供了明确的指导和规范，也确保了这些环节能够高效、有序地展开。

（1）实践教学管理文件的制定是制度管理中的核心内容。这些文件包括但不限于实践教学计划、实践教学课程大纲和教材、实践指导书、实训项目单、实验报告等。实践教学计划为实践教学活动提供了总体框架和指南，明确了实践教学的目标、内容、时间安排和资源配置等关键信息。实践教学课程大纲和教材则细化了每个实践课程的教学目标、核心内容和教学要求，指导教师和学生进行有效的教学和学习。实践指导书、实训项目单和实验报告等文件则具体规范了实践活动的执行标准和评价方式，确保学生在实践中能够达到预期的学习效果。

（2）各实践教学环节的管理制度也是构成了制度管理的一个重要方面。这些管理制度包括实践教学的参与要求、过程监督、成果评估和反馈机制等，旨在确保实践教学各环节能够严格按照既定标准执行。通过明确的管理制度，学院能够对实践教学活动进行有效监控和评价，及时发现并解决实践教学过程中出现的问题，持续提升实践教学的质量和效率。

（3）制度管理还涵盖了对实践教学资源的管理、教师和学生的权责明确、安全保障措施等方面。通过建立健全的实践教学资源配置和利用机制，学院能够合理分配实践教学所需的物资和设施，满足不同实践教学活动的需求。通过明确教师和学生在实践教学中的责任和义务，可以增强双方的责任感和参与度，促进实践教学活动的顺利开展。安全保障措施的制定和执行，则是实践教学安全顺利进行的必要保障。

（四）保障体系

保障体系的构建是学前教育专业实践教学体系成功实施的基础。通过系统的师资队伍建设和实践教学基地建设，学院能够为学生提供丰富、高效的实践教学资源，确保学生能够在实践中深化理解、掌握必要的技能与技术，从而达到培养高素质学前教育专业人才的目标。

1. 师资队伍建设是保障体系中的首要环节

高水平的"双师型"教师队伍是实践教学成功的基石。这要求教师不仅应具备扎实的专业理论知识，还应拥有丰富的实践经验和高度的教学能力。因此，学院需要制定明确的师资队伍建设规划，通过加强对现有教师的培训和引进具有实践背景的新教师来提升教师队伍的整体水平。此外，建立"双资格证书"准入制度，即要求教师既拥有教师资格证书也持有职业技能证书，可以进一步确保教师队伍的专业性和实践性，为学生提供更加贴近实际、高效的教学指导，如图1-9所示。

第一章　理论综述

（a）3D打印　　　　　　　　（b）书法练习实训室

图1-9　高校学前教育专业实训室

2. 实践教学基地的建设是实现实践教学目标的另一关键因素

实践教学基地包括校内的实验室、模拟教室、观察室等，以及校外的合作幼儿园、社区中心等。这些基地应配备完备、先进的设备设施，以模拟真实的教育环境，提供仿真性的实践教学场所。通过在这些实践基地中进行实验、实习、观察和参与项目等活动，学生能够直接接触到教育实践的各个方面，从而有效地将理论知识转化为实践能力。实践教学基地的建设还应考虑到与行业的实际任务和企业的需求对接，确保学生的实践学习内容与社会需求紧密相关，提升其职业适应性和创新能力。

（五）评价体系

评价体系旨在通过科学、系统的评价方法全面评估学生的学习成果、教师的教学效果以及整个实践教学过程的有效性。评价体系的科学性和完整性是确保教学质量和促进学生全面发展的关键。评价体系需要能够全面、准确地反映学生在实践教学活动中的表现，包括学生的知识掌握、技能运用、创新能力、团队合作以及职业道德等多个维度。为此，学生评价体系应采用多元化的评价方法，包括但不限于自评、同伴评价、教师评价、实践成果展示等，以确保评价的全面性和公正性。评价体系还应包含形成性评价和总结性评价两个部分，前者侧重对学习过程的监控和指导，后者侧重对学习成果的总结，促进学生对自身学习的深刻反思和持续改进。

教师评价体系是评价体系的重要组成部分。这一体系旨在评价教师的教学方法、教学内容的适宜性、教学态度以及对学生学习进步的贡献等。教师评价体系的建立，不仅有助于激励教师不断提升教学水平，还能够促进教师之间的经验分享和相互学习，共同提高实践教学的整体质量。专项奖励基金的设立，是评价体系中的创新举措，旨在通过物质奖励激励学生和教师在实践教学中的积极参与和卓越表现。这一机制不仅能够提升学生的学习动力，还能够鼓励教师探索更高效、更有创意的教学方法，进一步提升教学质量和学生满意度。实践教学督导体系是评价体系的重要补充，它通过定期的教学观摩、反馈会议等活动，对实践教学的过程进行监督和指导。这一体系能够及时发现教学中的问题，并提出改进建议，确保实践教学活动能够顺利进行，有效达成教学目标。

二、学前教育专业实践教学体系的特征

（一）技能应用性

在学前教育专业实践教学体系中，技能应用性是其显著的特征之一，旨在通过专业实践活动的深入参与，强化学生将理论知识转化为实践技能的能力。这种特征体现了实践教学的核心目的，即不仅传授理论知识，更重要的是让学生能够在实际工作中应用这些知识，解决实际问题。技能应用性的重要性在于，它直接关系到学生将来能否在学前教育领域中有效工作。学前教育工作的特殊性要求教师不仅要有扎实的理论基础，还必须具备一系列的实践技能，如观察儿童行为的能力、设计和实施教育活动的能力、与儿童及家长沟通的技巧等。这些技能的培养，需要通

过实际的教学活动来实现，如实习、模拟教学、案例分析、教学设计与反思等。河北省某高校学前教育专业课程体系架构图如图1-10所示。

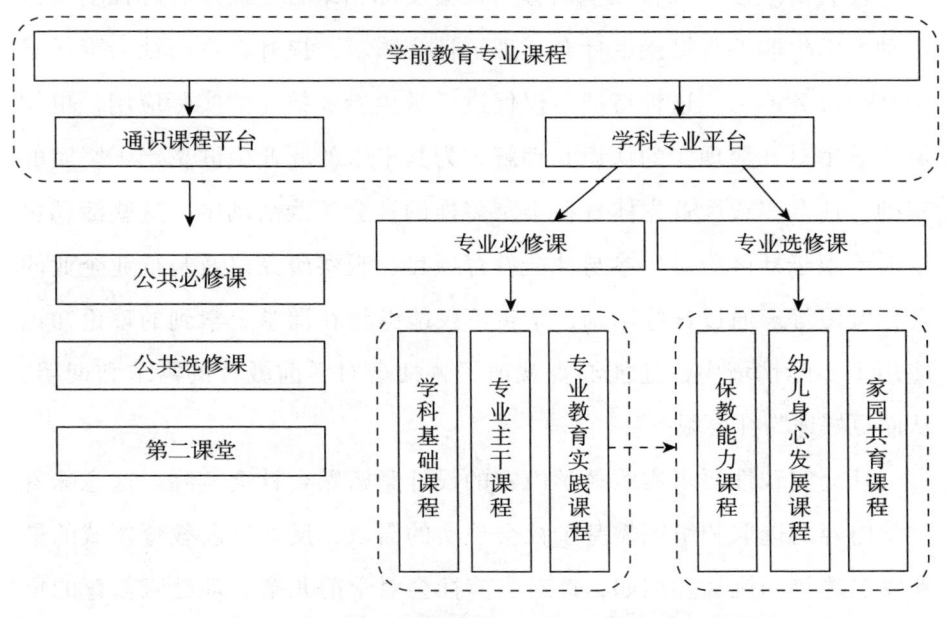

```
                    学前教育专业课程
                    /              \
            通识课程平台          学科专业平台
                |                /         \
                |         专业必修课      专业选修课
                |         /   |   \       /   |   \
           公共必修课   学科  专业  专业  保教  幼儿  家园
                      基础  主干  教育  能力  身心  共育
           公共选修课  课程  课程  实践  课程  发展  课程
                                  课程        课程
           第二课堂
```

图1-10　河北省某高校学前教育专业课程体系架构图

技能应用性的实现，依赖于实践教学体系的有效设计与实施。一是实践教学活动的设计需紧密结合学前教育专业的特点和要求，确保学生能够在多样化的实践环境中接触到广泛的教育情境，从而提高其综合运用所学理论知识和技能的能力。二是教学过程中的指导与反馈机制也至关重要，教师需对学生的实践表现进行及时、准确的评价和反馈，帮助他们识别实践中的问题，引导他们进行反思和改进。技能应用性的培养还需注重理论与实践的有机结合。在实践教学中，理论教学不应被忽视，理论知识的深入理解是技能应用的基础。因此，教学设计中需将理论教学与实践活动紧密结合，通过实际案例将理论知识与实践技能相结合，使学生在理解理论的同时，能够了解理论知识在实践中的应用方法，从而增强其技能应用的意识和能力。

（二）社会实践性

社会实践性强调将教学内容与社会实际相结合。通过各种社会实践活动，学生能够直接接触社会，理解社会需求，提升自身的社会责任感和社会服务能力。这种特征不仅促进了学生专业技能的实际应用，也加深了学生对社会现实的认识和理解，为其未来的职业生涯奠定了坚实的基础。社会实践性首先体现在丰富多样的社会实践活动中。这些活动包括但不限于社区服务、参与社会教育项目、观察研究以及与行业企业的合作实习等。通过这些活动，学生不仅能够将在课堂上学到的理论知识应用于实际情境中，还能够直观地了解社会对学前教育的需求和期望，从而更好地为社会服务。

社会实践性要求实践教学内容的设计紧密贴合社会实际。这意味着教学内容的选取和组织需基于社会现实的需求，反映学前教育领域的最新发展趋势和挑战。例如，针对当前社会对学前儿童心理健康教育的重视，教师在教学中应加强对相关内容的实践指导和操作训练，使学生能够在实践中掌握相关的教育技能，提高解决实际问题的能力。实践教学不局限于传统的课堂教学模式，更多的是通过案例分析、项目驱动、问题导向等教学方法，鼓励学生主动探索和解决实际问题。这种教学方法不仅能激发学生的学习兴趣，增强其自主学习和创新解决问题的能力，也能让学生在实践中深刻理解社会的多样性和复杂性。

（三）建设主体多元性

学前教育专业实践教学体系的构建面临诸多挑战，如信息流通不畅、实习场所缺乏以及"双师型"教师短缺等，长期以来一直是制约该领域发展的关键因素。通过校企合作模式，建立学校与企业之间的合作机制，成为实现实践教学体系建设的最佳模式和有效途径。校企合作模式的本质在于建立学校与企业之间紧密的联系,通过双方的共同努力,规划和设计实践教学的各个方面,包括硬件设施和软件内容。这种合作模式不仅能够充分利用学校的教育资源和知识资源,还能有效地利用企业的人力、物力和财力资源,共同为学生提供一个更为广阔和真实的学习平台。通过这种方式,学生的动手能力和创新能力得到了有效的培养,综合素质得到了全面的提升。

校企合作模式打破了传统教育资源限制,实现了教育资源和企业资源的互补和共享。学校可以利用企业的实践基地为学生提供实习实训的机会,企业也可以通过参与教学内容的设计,为自己培养符合需求的人才。企业参与实践教学内容的规划和设计,使教学内容更加贴近行业实际,增强了课程的实践性和前瞻性。学生在学习过程中不仅能够掌握当前行业的核心技能,还能够对未来行业的发展趋势有所了解和准备。通过校企合作,企业的专家和相关人员可以直接参与到实践教学中,为学生提供更为专业的指导和评价。这种直接的行业参与,有助于提高实践教学的质量,确保教学成果与行业标准相符合。

(四)面向未来性

学前教育专业实践教学体系的面向未来性主要体现在两个主要方面:一是教学体系需要预见未来人才市场的需求,培养学生满足未来社会和职业领域需求的能力;二是教学体系应融入新的技术手段,适应知识经济的发展,帮助学生掌握并应用最新的数字技术。

面对全球教育环境和社会需求的快速变化,学前教育专业实践教学体系必须具备前瞻性,能够根据未来社会、经济和技术发展趋势预见未来教育领域对人才的需求。这不仅涉及对学生专业知识和技能的培养,更重要的是要对创新能力、批判性思维、跨文化交流能力以及终身学习的能力的培养。通过模拟未来的教育场景、引入跨学科的学习项目以及鼓励学生参与科研活动等方式，学前教育专业实践教学体系旨在为学生提供广阔的视野和多元化的学习经历，使他们能够适应并引领未来教育的变革。

随着信息技术、人工智能和大数据等先进技术的快速发展，当前所处的知识经济时代也对教育工作者提出了新的技术应用需求。因此，学前教育专业实践教学体系必须融合这些新技术手段，培养学生利用现代信息技术进行教育教学活动的能力。这包括但不限于数字化教学资源的开发和应用、在线教育平台的利用、虚拟现实技术在教育中的应用等。通过引入这些技术手段，不仅可以拓宽学生的技能培养范围，还可以激发学生的创新思维和解决问题的能力，为他们在未来的教育实践中提供有力的技术支持。

三、构建学前教育专业实践教学体系的必要性

实践教学是与理论教学密切联系的，是"在教师的指导下以实践操作为主，获得感性认识和基本技能、提高综合素质的一系列教学活动的组合。[1]"实践教学的课程设置和有效实施对于达成人才培养的质量目标至关重要。深入研究和改进人才培养方案中的实践教学课程设置及其体系的改革与执行，对于提高教育质量具有决定性意义。通过对实践课程体系构建与运行的细致审视和反思，并识别和改进其中存在的不足，能够有效地确保人才培养方案持续更新，进而保障人才培养目标与经济社会发展需求的同步。这一过程不仅对提升教育系统的适应性和灵活性至关重要，也是实现高质量教育成果、培养时代所需人才的关键路径。

---

[1] 高闰青. 高师院校教学改革与实践[M]. 徐州：中国矿业大学出版社, 2013：41.

第一章 理论综述

（一）社会的需求

随着社会经济与文化的快速发展，对学前教育领域的专业人才提出了更高的质量要求。《国家中长期教育改革和发展规划纲要（2010—2020年）》首次明确提出学前教育普及的发展目标，说明国家对学前教育的重视达到了新的高度。这一纲领性文件对学前教育的质量和发展方向提出了新的期待。社会经济与文化的进步，人口素质的提高，促使学前教育的发展方向发生了改变，如图1-11所示。在这一背景下，高校学前教育专业的教学体系面临着更新的压力和挑战。在社会高速发展的当下，部分高校的专业教学体系与社会经济、文化发展的步伐不太匹配，造成了专业人才培养质量不高的现象。这一问题的存在，直接影响到学前教育专业毕业生的就业质量和社会适应能力。为了应对这一挑战，高校必须根据国家政策、社会需求以及人民群众的期待，积极探索符合时代需求的学前教育专业教学途径。

（a）幼儿园阅读室　　（b）幼儿园外部游乐设施

图1-11　幼儿园环境

构建科学合理的实践教学体系，是高校响应社会需求，提升学前教育专业教学质量和效率的重要途径。通过实践教学，学生能够将理论知识与实际操作相结合，提升解决实际问题的能力，增强职业技能和专业素养。此外，实践教学还能够为学生提供直接接触社会、了解行业发展趋势的机会，使学生的学习更加贴近社会需求，从而提高毕业生的就业竞争力和职业适应性。为了实现这一目标，高校需要深入分析社会经济发展和文化变迁对学前教育领域的影响，准确把握学前教育专业人才培养的新要求和新趋势。基于此，高校应在学前教育实践教学课程的设置和实施过程中，充分考虑社会的实际需求，优化课程结构，创新教学方法，强化实践教学环节，以确保学前教育专业的教学内容和教学方式能够紧跟社会的步伐，培养出既具备扎实理论基础又具有强烈社会责任感和创新能力的学前教育专业人才。

（二）学前教育专业发展的必然要求

学前教育作为基础教育体系的重要组成部分，在当代教育发展中占据了至关重要的地位。随着社会对早期教育重要性认识的提升及人口素质提高的需求，学前教育的普及与发展已经成为未来教育发展的重要趋势。前瞻产业研究院的分析显示，未来学前教育将成为极具活力和增长潜力的行业之一。这一背景下，对高质量学前教育人才的需求日益增加，而当前部分高校在学前教育专业的申办和人才培养方面，尽管已有所行动，学前教育专业学生的数量逐年增加，但与市场的需求相比仍有较大差距。因此，为了适应学前教育行业的发展趋势和市场需求，高校必须努力完善学前教育体系，构建以培养实践型人才为核心的学前教育实践教学体系。学前教育实训室如图 1-12 所示。

第一章　理论综述

（a）学前教育书法实训室　　　　（b）学前教育沙盘实训室

图1-12　学前教育实训室

1. 实践教学体系的构建直接响应社会对高质量学前教育人才的需求

在当今社会，高质量的学前教育人才需求日益增长，这对教育体系提出了新的挑战和要求。构建实践教学体系成为学前教育专业发展的必然要求，旨在直接响应这一社会需求。

（1）实践教学体系的构建为学生提供了丰富多样的实践学习机会。在真实或模拟的教育环境中，学生能够将课堂上学到的理论知识应用于实际情境，通过参与教育活动、观察儿童行为、设计教学方案等方式，学生不仅能够加深对学前教育理论的理解，更重要的是能够通过实际操作来发展必要的职业技能和综合素养。这种教学模式强调学以致用，有效地连接了理论与实践的鸿沟，为学生的职业生涯奠定了坚实的基础。

（2）实践教学体系的建设有助于学生更好地理解学前教育的实际需求和挑战。当前，学前教育领域不断面临新的需求和挑战，如儿童心理健康、特殊教育需求、科技在教育中的应用等。通过参与相关的实践活动，学生能够直接接触到这些问题和挑战。通过实践探索和解决问题的过程，提升其对问题的敏感性和解决问题的能力，同时激发其创新思维。

（3）实践教学体系的构建是响应社会和市场对高质量学前教育人才需求的有效途径。社会和家长对学前教育的质量要求不断提高，对教师

· 45 ·

的专业能力和综合素质提出了更高的要求。通过实践教学，学生能够在学习过程中不断完善自我，成为符合社会需求的高素质教育人才，满足学前教育发展的新要求。

2. 实践教学体系的完善已成为提升学生综合能力的关键

随着社会对学前教育质量要求的不断提升，学前教育专业学生需要具备的不仅是理论知识，更重要的是能够掌握在实际工作中运用这些知识解决问题的能力。因此，实践教学活动的深入开展对于学生的综合能力提升至关重要。通过参与实践活动，学生能够在实际的教育场景中运用所学的理论知识，如儿童发展理论、教育心理学等，以此加深对学前教育理论知识的理解和掌握。这种理论与实践的结合不仅有助于学生形成更为系统和深入的知识结构，而且能够在实践中验证理论的有效性，进而促进理论知识的内化，如图1-13所示。

（a）幼儿园美工活动　　　　（b）幼儿园手工活动

图1-13　幼儿园丰富的探究活动

实践教学活动为学生提供了丰富的问题发现和问题解决的机会，并在这个过程中，培养学生的沟通协作能力。在与儿童的互动过程中，学生可能会遇到各种教育难题和挑战，如何应对儿童的不同个性和需求，如何设计适合儿童发展的教育活动等。通过实践活动，学生不仅能够在实际操作中识别问题，更重要的是能够通过批判性和创造性思维寻找并实施解决问题的策略。这一过程不仅锻炼了学生的问题解决能力，也培养了他们的创新意识。学前教育工作本质上是一项团队工作，需要教师、家长和社会各界的共同参与。通过参与团队项目、家长会议、社区活动等实践，学生不仅能够学习如何有效地与他人沟通交流，还能够在协作中提升团队合作和领导能力。这些社会性技能的提升，对于学生未来的职业生涯和社会适应能力具有重要意义。

3. 构建实践教学体系对于推动学前教育专业的可持续性发展具有至关重要的作用

在社会环境快速变化的今天，学前教育专业不断面临新的挑战和需求。为了有效应对这些挑战，并满足这些新兴需求，高校必须采取灵活而有效的措施，持续对教育模式进行调整和优化，以确保所提供的教育内容和教学方法既能反映时代的进步，又能预见未来的发展趋势。实践教学体系的建立和持续完善，通过整合定期的评估和反馈机制，不仅可以促进教学内容和方法的即时更新，还可以确保教育质量的持续提升，更是为学前教育专业的持续发展提供了一个动态调整的平台。这种动态的调整平台还鼓励了教师和学生之间的互动与合作，增强了学生的实践能力和创新思维，从而为学前教育专业的持续健康发展提供了坚实的基础。

四、从幼儿教育存在的不足看实践教学体系的需求

（一）当前幼儿教育存在的不足

这里笔者聚焦当前学前教育中一个比较突出问题，即重知识，轻方法。如教师指导学生研究"声控小彩灯"活动中，当幼儿通过说话、跺

脚、敲击桌椅等手段，小彩灯一闪一闪发亮，他们就会知道声音可以像开关一样控制彩灯的明亮。教师仅做到这一步还是不够的。还要指导幼儿探究声音的大小、距离的远近不同程度对小彩灯的控制情况。这样就体现了科学方法和科学探索精神。让学生观察一棵树，有的学生看到了树叶，有的看到了树干，有的看到了树上的花等等，还有的学生十分茫然不知道看什么，教师要教给学生观察的方法，先从下向上看，先看树根，再看树干、树枝、树叶及花、果实等等。这种有序的观察就是方法。从某种意义上来说，学会科学的方法比学习知识更重要，这些方法是在今后的学习和科学研究中要经常运用到。为幼儿将来学习打下坚实的基础，会使其终身受益。①

（二）高校学前教育专业实践教学体系的需求

1.培养目标需要满足教育实践能力的要求

当前高等教育中，学前教育专业的培养目标往往过于笼统，未能明确指出所需的具体教学技能和实践能力。这导致学生在将理论知识应用于实践中时，往往需要进行大量的摸索和研究，这就增加了学习的难度和不确定性。为此，高校应根据学前教育领域的实际需求和未来发展趋势，细化培养目标，明确指出所需掌握的关键教学技能和实践能力，如班级管理、教育活动设计、儿童心理发展观察与指导等，使学生能够更好地进行学习和准备。高校需要对实践教学体系进行持续的研究与改进，以确保教育模式、教育项目和教学方法的创新性和实用性。通过投入资源研究如何更有效地结合理论与实践，高校可以开发出符合当前教育需求的新型教育模式，如采用情景模拟、项目导向学习等方法，提高学生的学习效率和实践能力。通过与幼儿园、社区和其他教育机构的合作，

---

① 张钡.幼儿园科学教育创新活动存在的问题及对策[J].才智，2016（3）：144，146.

高校可以为学生提供更多的实践机会，使其能够在真实环境中应用所学知识，提高实践技能。学前教育课堂实践训练如图1-14所示。

（a）个人绘本讲解　　　　　　　（b）团体绘本讲解

图1-14　学前教育课堂实践训练

2. 实践性课程继续优化，加强实践与理论的结合

基于近年来教育行业和用人单位的反馈，虽然高校学前教育专业学生的理论基础较为扎实，但在实际教育情境中应对具体问题的能力不强，处理问题时缺乏灵活性。这一现象的根源在于当前高校学前教育专业的实践教学体系尚不完善，理论与实践的结合不够紧密，导致学生在毕业后难以迅速适应工作需求。为了解决这一问题，必须对现有的学前教育专业课程体系进行优化，加强实践与理论的结合。目前，学前教育专业课程中专业理论知识占据了较大比重，而课程互动和实践培训的比重相对较小。这种课程设置导致理论知识与实践技能的结合不够充分，学生无法有效地将理论知识应用于解决实际教育问题。因此，高校学前教育专业实践教学体系的建设需求日益迫切。

3. 完善学前教育专业"实践教学质量"监控体系

学前教育专业实践教学的质量控制体系尚未完善，实践学习环节的设计和所取得的实践效果的科学动态控制体系尚未形成。虽然一些应用型本科院校正在开发"全实践"模式来建立高质量的监控系统，但对于其中一些没有明确指出具体实践内容和要达到实践效果的理论课程缺乏必要的监督与管理。目前个别教师在实践教学中采取的实践模式仍旧停留在"带队入园、开总结会结束"的传统方式，未能充分发挥实践教学的指导和训练作用。实践基地的指导教师与校内指导教师缺乏必要的沟通，不了解不同阶段的实践目标或实践任务，无法为学生安排实践内容，导致实践教学质量得不到有效保障。

第二章 基于 OBE 理念的学前教育专业实践教学体系框架设计

第一节　实践教学体系的构建原则

一、基础性原则

在构建学前教育专业实践教学体系的过程中，教育基础原则作为其核心指导思想，要求教育者必须坚守教育的初心和本质。学校教育具有基础性、教育性和职业性等多重特点，其中，教育性作为其根本特性，应当在教育过程中发挥统领作用。这一原则强调，即便在面向未来职业发展和应用技术培训的教育转型过程中，也必须保持教育的完整性和深远性，确保教育活动不仅仅是片面的技能训练，而是在培养学生综合素养的基础上，促进其可迁移、可持续能力的发展。

（一）基础知识和基本技能的培养

在学前教育专业的实践教学体系构建中，对基础知识和基本技能的培养占据着至关重要的地位。这一教育基础原则不仅体现了对教育活动基础性的要求，也是确保学生能够在未来的学习和职业生涯中取得成功的关键。基础知识和基本技能的培养，不仅为学生提供了必要的学术基础，也是个人终身学习和发展的基石。学前教育专业平台学时、学分比例分配表如表 2-1 所示。

第二章 基于OBE理念的学前教育专业实践教学体系框架设计

表2-1 学前教育专业平台学时、学分比例分配表

课程模块	课程分类及修习类别数量		理论教学数量	理论教学比例	实践教学数量	实践教学比例	学时合计数量	学时合计比例	学分合计数量	学分合计比例
学科专业平台	必修课	专业基础课程	240	9.49%	32	1.27%	272	10.76%	14	8.81%
		专业主干课程	560	22.15%	400	15.82%	960	37.97%	49.5	31.13%
		专业实践课程							14	8.81%
	专业选修课程		352	13.92%			352	13.92%	22	13.84%

注：专业实践课程包括见习、实习、研习和毕业设计

基础知识的培养是指让学生掌握学前教育领域内的核心概念、原理和理论。这包括但不限于儿童心理学、教育学原理、早期教育内容与方法等。这些知识构成了学前教育专业学习的基础，不仅能够帮助学生理解儿童的发展规律和教育实践中的基本问题，也能够为学生在实践中遇到的具体情境提供理论指导。因此，高校在设计实践教学内容时，应确保学生能够系统地学习并深入理解这些基础知识，为进一步的专业学习和实践活动打下坚实的基础。

对基本技能的培养是学前教育专业实践教学的另一项核心内容。这些技能不仅包括教育实践中的教学技巧、班级管理能力，还包括与儿童沟通的能力、创新和解决问题的能力等。在实践教学活动中，通过模拟教学、教育实习、案例分析等多样化的教学方法，学生能够在实际操作中逐步掌握并应用这些技能。通过这种方式，学生不仅能够将理论知识转化为实践操作的能力，也能够在实际工作中灵活运用这些技能，以适

应不同教育情境的需要。

（二）价值观教育

价值观教育突出了教育的本质不仅仅是知识和技能的传递，更重要的是通过教育活动引导学生形成正确的价值观、人生观和世界观。这种价值观教育的实施，旨在促进学生的全面发展。

1. 价值观教育强调通过多样化的实践活动激发学生的学习兴趣

在学前教育专业中，实践活动应设计为能够充分引发学生对知识探索的热情，同时在活动过程中培养其对社会现象的敏感度和价值判断能力。例如，通过社区服务学习、参与教育公益项目等实践活动，学生不仅能够将所学理论知识应用于实际，也能在服务中体会到个人价值的实现，从而逐渐形成积极的社会责任感和公民意识。

2. 价值观教育还应关注学生个性化发展和综合素质的提升

教育活动应设计为能够满足学生个体差异和多样化需求，支持学生根据自己的兴趣、能力和职业规划进行选择性学习。通过提供丰富的艺术、文化、体育等拓展活动，高校可以帮助学生在实践中发现自我、表达自我，进而促进其情感、态度和价值观的全面发展。

（三）可持续能力的培养

教育的职业性虽然是教育活动的重要组成部分，但它不应成为教育活动的唯一目标。实践教学体系的转型应当着眼于学生可迁移、可持续能力的培养，而不仅仅是应对当前职业市场的需求。

1. 可持续能力的培养更多地注重学生批判性思维、创新性思维以及问题解决能力的培养

培养这些能力，不仅有助于学生在学习阶段掌握坚实的知识基础，更为他们未来的职业生涯和终身学习奠定了基础。批判性思维能力使学

第二章　基于 OBE 理念的学前教育专业实践教学体系框架设计

生能够对接收到的信息、知识和观点进行独立的思考和评价，从而做出理性的判断和决策。在实践教学中，教育者应设计和实施一系列活动，如案例分析、主题讨论、角色扮演等，引导学生在具体的教学情境中提出问题、分析问题和解决问题，从而在实际操作中锻炼和提高他们的批判性思维能力。

在知识经济时代，创新成为个人发展和社会进步的重要驱动力。因此，教育者需要通过项目式学习、跨学科合作等教学活动，激发学生的创新意识和创造力。通过将学生置于需要他们寻找新解决方案的真实或模拟的问题情境中，不仅能够促进学生知识的综合运用和创新能力的提升，还能够帮助学生理解创新在解决复杂问题中的重要性。在面对未来社会的复杂问题时，个人需要具备高效识别问题、分析问题和解决问题的能力。实践教学中，通过模拟真实的教育场景、组织学生参与社会实践活动等方式，学生可以在实际操作中遇到各种问题，并在教师的指导下探索解决问题的策略和方法，从而在不断的实践中提高问题解决能力。

为了确保可持续能力的有效培养，教育者还需要创造一个支持性的学习环境，鼓励学生积极探索、勇于尝试，同时提供充分的资源和支持，帮助学生在遇到挑战时能够找到解决方案。此外，教育者应通过定期的评估和反馈机制，跟踪学生能力的发展进程，及时调整教学策略和内容，确保教学活动能够真正满足学生的学习需求和发展目标。

2. 可持续能力的培养还涉及学生适应未来社会变化的能力

在当今经济全球化和知识经济迅速发展的背景下，仅仅掌握当前的专业知识和技能已经无法满足未来社会对学前教育专业人才的需求。因此，培养学生面向未来的视野和适应能力，成为教育工作者在构建实践教学体系时必须考虑的重要问题。这种可持续能力的培养，旨在使学生能够适应未来社会的变化，具备终身学习的能力，并为社会的持续发展作出贡献。

培养面向未来的视野要求教育者将前沿科技、跨文化交流以及可持续发展等主题融入实践教学中。这不仅意味着更新教学内容，使之反映学前教育领域的最新理论和实践，还意味着通过具体的教学活动，如科技应用项目、国际文化节等，鼓励学生探索新知，拓宽视野。例如，利用信息通信技术在教学中引入虚拟交流项目，可以让学生在跨文化背景下学习和交流，从而增强其对不同文化的理解和尊重。增强学生对未来社会趋势的敏感性和适应性，教育者需要引导学生学习如何在不断变化的环境中寻找和利用新的知识资源。这包括教育者设计课程和活动，让学生面对实际问题进行研究、分析和解决，例如，通过参与环境保护项目、社区服务活动，学生可以直接参与到解决实际问题中，体验创新思考和团队合作的过程，从而培养其问题解决和适应变化的能力。

教育者还应鼓励学生主动探索和学习新的学科领域和技能，如数据分析、编程技能等，这些技能将是学生未来职业生涯中不可或缺的工具。通过设置跨学科的课程和项目，学生可以在实际操作中学习如何将这些技能应用于学前教育领域，提高其专业能力和综合素质。

3. 可持续能力的培养也包括学生终身学习的能力

在当今知识更新速度日益加快的时代，终身学习的能力成为个人发展和职业成功的关键。尤其对于学前教育专业的学生来说，培养他们的终身学习能力，不仅能够让他们在毕业后持续提升自我，还能使他们在未来的职业道路上保持竞争力。因此，在构建学前教育专业的实践教学体系时，教育者需要深入考虑如何通过教学设计和实施，有效地激发学生的学习兴趣，培养他们自主学习的习惯和能力。

（1）为了培养学生的终身学习能力，教育者需在实践教学中提供充满丰富体验和广阔探索机会的学习环境，以点燃学生对知识探求的热情。通过引入多元化的教学场景，包括项目式学习、案例分析，以及参与社

第二章　基于 OBE 理念的学前教育专业实践教学体系框架设计

区服务等活动，学生能直接体验到学习的实际应用价值和愉悦感。这样的经历不仅让学习过程更加生动有趣，还能深化学生对知识的理解，激发他们继续探索未知领域的热情。这种学习的积极态度和习惯的培养，是支持学生终身学习旅程的核心要素，使他们能够在不断变化的世界中不断进步和成长。

（2）教育者扮演着指导学生掌握有效学习策略的关键角色，涉及引导学生如何设定明确的学习目标、有效管理自己的学习时间，以及选择和应用适合自己的学习方法。通过这样的系统性训练，学生将学会如何自主地、有效率地学习，这对于激发他们的自我驱动力和提升学习效能至关重要。这种能力的培养不仅为学生当前的学业水平奠定基础，更为其未来持续自我成长和适应不断变化的世界提供了必备的工具，具有深远的影响。

（3）教育者应强化学生的信息检索和处理技能。在信息爆炸的时代，教育者有责任加强学生的信息检索与处理能力。这种能力让学生能迅速获取、筛选、鉴别并有效利用各种信息资源，对于他们的学习和未来职业发展至关重要。因此，教育者需要在课程设计和教学活动中专门培养学生的信息素养，包括但不限于使用在线数据库的技巧、辨别信息真伪的能力以及评价信息价值的方法。通过这样的培训，学生将能够在日后的学习和工作环境中熟练地管理和利用信息，应对各种挑战。

（4）开发和利用丰富的学习资源也是培养学生终身学习能力的重要方面。教育者应积极探索和整合各种学习资源，包括在线课程、开放教育资源、专业社群等，为学生提供广阔的学习平台和工具。这样的做法不仅能够丰富学生在校期间的学习体验，还能鼓励和支持他们在完成学业后继续探索和学习新知识。通过提供这些学习平台和工具，教育者可以帮助学生建立起自主学习的习惯，促进他们的个人发展和自我提升。

二、创新性原则

面对日新月异的社会需求和教育挑战，高校作为实施教育的主体，有责任通过创新培养模式、改善实践教学方法手段、提高实践教学质量，以及保障实施效果上实现突破，从而确保教育活动能够接受社会和用人单位的检验。这要求高校跳出传统教育模式的框架，避免盲目攀比和趋同发展，应将创新发展作为推动教育发展的核心动力。幼儿园创新性手工作品如图2-1所示。

（a）泼墨画 　　　　　　（b）青花瓷

（c）羊毛毡 　　　　　　（d）浮雕画

图2-1　幼儿园创新性手工作品

第二章　基于 OBE 理念的学前教育专业实践教学体系框架设计

（一）实践教学内涵的创新

在当今快速发展的教育领域中，实践教学内涵的创新成了高等教育机构特别是学前教育专业不断追求的目标。这种创新旨在通过课程内容的更新、教学方法的改革及教学手段的革新，更有效地培养学生适应未来社会的能力。为此，高校必须密切关注学前教育领域的最新进展，将先进理论和实践成果融入教学体系，并探索采用多样化及互动性强的教学模式，以提升学生的实践和创新思维能力。这种创新不仅要求教育机构更新课程内容，使之反映学前教育的最新理论和实践，还要求教师改进教学方法，采用项目式学习、情景模拟等多元化教学模式，激发学生的学习兴趣和参与度。利用现代教育技术，如数字化学习平台和虚拟现实工具，可以进一步增强教学互动性，为学生提供丰富的学习体验。通过这些努力，高校能够在培养学生应对未来挑战的能力的同时，激发其创新潜力，为学生的职业生涯和个人发展奠定坚实基础。

（二）培养模式的创新

为了适应时代的发展和满足社会的需求，高等教育机构需要设计出既符合学前教育专业特点又能回应社会需求的人才培养方案。这要求教育模式不仅要更新观念，还需在实施方式上进行根本性的创新。创新培养模式需要高校构建跨学科的学习平台，鼓励和支持学生在学习过程中进行跨界探索。这种跨学科的学习方式能够使学生在掌握学前教育专业知识的同时，了解其他领域的知识，从而促进学生的综合素质和竞争力的提升。例如，结合心理学、社会学、艺术学等多个学科的知识，可以为学前教育专业学生提供更全面的视角和解决问题的方法，使他们能够更好地适应未来的教育工作。

高校还应加强与幼儿园、社区和其他教育机构的合作，通过这种校外合作为学生提供丰富的实践机会和资源。这种合作模式不仅可以拓宽学生的实践视野,还能让学生将理论知识应用到实践中,从而达到理论与实践有效结合的目的,如图 2-2 所示。通过参与实际的教育工作,学生能够更加深刻地理解学前教育的实际需求和挑战,为将来的职业生涯打下坚实的基础。创新培养模式还要求教育者在教学内容和方法上进行创新。这包括利用现代信息技术和教育工具,如在线学习平台、虚拟现实等,为学生提供更加丰富多样和互动性强的学习体验。通过这些现代教学手段,不仅可以提高教学的效率和质量,还可以激发学生的学习兴趣和创新思维。

(a)教师团队到幼儿园走访调研　　　(b)幼儿园走访调研

图 2-2　高校教师团队在幼儿园调研

三、系统性原则

系统性原则的核心在于确保实践教学体系的全面性、连贯性和协同性,以形成一个整体性的教学结构,从而有效促进学生综合能力的提升。

第一,系统性原则要求教育活动必须全面覆盖学前教育专业的各个知识领域和技能要求。这意味着教育内容不仅包括学前教育的基础理论知识,还应涵盖相关的实践技能训练、心理学原理、儿童发展与学习、家庭与社区合作等多个维度。通过这种全面性的教育布局,确保学生能

第二章　基于 OBE 理念的学前教育专业实践教学体系框架设计

够从多角度、多层次理解和掌握学前教育的核心知识与技能，为其未来的职业生涯奠定坚实的基础。

第二，系统性原则强调实践教学活动的连贯性。教育活动的设计和实施应该围绕学前教育专业的核心培养目标展开，各个教学环节之间需要有机连接、相互支撑，形成一个有序的教学链条。例如，理论课程的学习应为实践技能的培养提供理论基础，而实践活动又能加深学生对理论知识的理解和应用。这种从理论到实践，再从实践到理论的循环往复，有助于学生形成系统化的知识结构和技能体系。

第三，系统性原则还涉及实践教学活动的协同性。这要求高校在构建实践教学体系时，需要整合内部和外部资源，实现跨学科、跨部门乃至校企合作的教学模式。通过这种模式，学生不仅可以在校内获得系统的学术训练，还可以通过校外实习、社区服务等活动，将所学知识与社会实践紧密结合，从而在真实的教育环境中检验和深化自己的学习成果。

四、开放性原则

开放性原则体现了一种面向未来、紧密结合社会和行业需求的教育理念。该原则强调高校不应局限于传统的教学模式和内部资源，而应拓展与行业企业、社会机构的合作，借鉴国内外的成功经验，共同构建一个多元、开放的教育环境，以培养适应未来社会需求的高素质人才。相关企事业单位作为高校教育活动的重要合作伙伴，其实践经验和专业技能需求直接关联到教育质量和人才培养的实效性。通过建立高校与行业领军企业的协同培养机制，如实习基地的共建、企业专家的校园讲座、行业项目的合作研发等，学生可以直接接触到行业前沿的知识和技能，从而在实际工作场景中学习和成长。这种紧密的校企合作不仅能够为学生提供丰富的实践机会，还能帮助学校的教学内容和培养目标更好地对接社会需求，培养出真正符合市场需求的专业人才。

开放性原则还体现在借鉴国内外成功经验,不断完善实践教学体系①。面对教育全球化的趋势,高校应当通过学术交流、合作研究等方式,吸收和引进国际先进的教育理念和教学方法。这不仅能够拓宽教师和学生的国际视野,还能促进教学方法和教学内容的创新,提高教育活动的质量和效果。通过比较不同国家和地区学前教育的发展模式,高校可以更加科学地优化自身的实践教学体系,使之更加适应时代发展的需求。高校在实践教学体系的构建中,应保持与社会其他教育机构、研究机构的开放合作态度。通过共享资源、联合举办研讨会和学术会议等方式,高校不仅能够获得更多的教育资源和支持,还能在交流和合作中发现自身的不足,不断进行教育实践和教学方法的创新。

第二节 实践教学体系的目标设定

实践教学目标的设定是建立在培养目标和毕业要求的基础上的。培养目标概括地描述了毕业生在毕业后大约五年内能够达到的职业和专业水平,毕业要求则更具体地阐述了学生毕业时应具备的知识、技能和能力,即完成学业时所期望的学习成果。某高校学前教育毕业要求—培养目标关联度矩阵图如表 2-2 所示。

---

① 董丽娟. 转型高校实践教学体系的科学构建与实施研究[M]. 秦皇岛:燕山大学出版社,2021:15.

表 2-2　某高校学前教育专业毕业要求—培养目标关联度矩阵图

	培养目标 1 师德与情怀	培养目标 2 素养与能力	培养目标 3 管理与育人	培养目标 4 合作与发展
师德规范	√			
教育情怀	√			
保教知识		√		
保教能力		√		√
班级管理	√		√	
综合育人			√	
学会反思				√
沟通合作			√	√

毕业要求不仅包括技能和知识的掌握，更重要的是其能力的展现，因为掌握知识的目的是应用和发展知识，而应用和发展知识需要技能和创造力，所以毕业要求归根到底还是一种能力的体现。在学前教育专业中，人才培养目标聚焦培养学生的保教实践能力，将此作为实践教学的主线，旨在通过实践活动全面提升学生在多个方面的保教实践能力及素养，这样的目标设定确保了教育活动的方向和效果能够满足专业要求，培养出符合社会需求的高素质教育人才。

一、保教能力目标

在学前教育专业实践教学体系中，针对保教方面能力的目标设定是多维度的，旨在全面提升学生在幼儿保育与教育领域的专业能力。这些目标围绕着幼儿的全面发展，包括对保教实践问题的识别与判断、对幼儿进行科学观察与评价，以及运用所学知识解决保教实践中的问题等关键能力。

（一）保教实践问题的识别与判断能力

对保教实践问题进行识别与判断的能力不仅涉及对幼儿发展、保育与教育基础知识的深入了解和掌握，还包括能够准确识别和判断保教实践中存在的各种问题及其对幼儿发展的潜在影响。高校学前教育专业实训室如图 2-3 所示。

（a）实训室场景一　　　　　　（b）实训室场景二

图 2-3　高校学前教育专业实训室

1. 学生必须对幼儿发展的不同阶段和特征有一个系统和深入的认识

理解幼儿在身心、语言、社会情感等多个方面的成长规律，是保教实践中有效识别和判断问题的基础。这要求学生不仅要掌握幼儿心理学、发展心理学等相关理论知识，还要能够将这些理论应用于具体的保教实践中，识别幼儿发展过程中可能遇到的问题，并进行科学的分析和判断。

学生需要通过系统学习，了解幼儿从出生到进入小学这一阶段身体、认知、情感和社会行为等方面的发展特点和规律。这包括幼儿的生理发展、感知与运动发展、语言发展、认知发展以及社会情感发展等方面。只有深入理解这些基本理论，学生才能在保教实践中准确识别幼儿的发展需求，对幼儿的行为和表现做出科学的判断。学生需要在实践活动中将理论知识与实践相结合，如观察实习、教学实习、案例分析等，运用所学理论，观察和分析幼儿的具体表现。通过实际观察，学生可以将理

第二章　基于 OBE 理念的学前教育专业实践教学体系框架设计

论知识与幼儿的真实情况相结合，加深对幼儿发展特点的理解，提高识别和判断保教问题的准确性。

培养反思能力也是提升识别与判断能力的重要途径。学生应通过反思自己在实践中的观察和分析过程，识别自己在理解幼儿发展方面的不足，不断调整和优化自己的观察和判断方法。这种持续的自我反思和改进，可以帮助学生更深入地理解幼儿发展的复杂性，提高在复杂保教情境中识别和判断问题的能力。

2. 学生必须在实际教育活动中对幼儿的行为表现和情感反应进行敏锐观察

要实现这一目标，学生必须具备对幼儿在不同情境下，如集体活动、游戏和日常生活习惯等方面，进行细致观察的能力。这种观察能力的培养，不仅涉及对幼儿行为的直接观察，还包括对幼儿行为背后可能的心理和社会因素的理解和分析。

学生需要在教育实践中发展出一套系统的观察方法。这包括学会如何设计和实施观察计划，选择合适的观察工具和技术，以及如何记录和分析观察到的信息。例如，在观察幼儿游戏行为时，学生不仅要注意幼儿的行为动作，还要关注幼儿之间的互动方式、游戏选择的变化以及游戏中的角色扮演等。通过这种系统化的观察，学生能够更全面地理解幼儿的行为和需求。持续的观察和记录是提高问题识别准确性和敏感性的关键。学生应该被鼓励在日常教育实践中不断地观察幼儿的行为和反应，并及时记录下来，形成个人的案例库。这些记录不仅能帮助学生积累实践经验，还能在日后的反思和分析中发挥重要作用。通过对这些记录的分析，学生可以识别出幼儿发展中可能遇到的不利因素，如社交障碍、情绪问题或学习困难等，并对这些问题进行及时的解决和干预。

教育者应该引导学生学会从多角度和多层面来观察和理解幼儿的行为和发展。这不仅包括对幼儿个体行为的观察，还包括对幼儿所处的环境、幼儿与同伴及成人之间的互动关系等方面的考察。这种全面的视角能够帮助学生更准确地识别和判断保教实践中的问题，为后续的教育干预提供科学的依据。

3. 学生识别出问题后对问题的深入探讨是核心

培养学生对保教实践问题进行有效判断和深入分析的能力的核心在于使学生不仅能够识别出实践中的问题，而且能够运用批判性思维深入探讨问题的根本原因、影响及解决方法。为此，教育者需要在课程设计和教学过程中融入相关的培训和指导，以确保学生能够在实践中应用理论知识，进行科学的问题分析和评估。

培养批判性思维是对保教问题进行有效判断和分析的前提。批判性思维能够帮助学生超越表面的现象，探究问题的深层次原因。在教学过程中，教育者可以通过案例分析、问题讨论、角色扮演等多种教学方法，激发学生的思考，引导他们从不同的角度审视和思考保教实践中遇到的问题，从而培养学生的批判性思维能力。解决问题的能力是对保教实践问题进行有效分析的关键。学生需要学会如何将理论知识与实际情况相结合，对遇到的问题进行科学的分析和评估。这包括了解和应用相关的教育理论、研究方法和评估工具，以及如何根据分析结果提出实际可行的解决方案。为此，教育者可以设计相关的课程和活动，如实践研究项目、实习和实训活动等，为学生提供实际操作的机会，通过实践加深对问题解决过程的理解和掌握。

跨学科知识的融合也是进行有效问题判断和分析的重要因素。在面对复杂的保教实践问题时，往往需要涉及心理学、社会学、教育学等多个学科的知识和方法。因此，教育者应鼓励学生跨学科学习，掌握不同领域的基础知识和技能，以便在分析和解决保教问题时能够采取更为全面和深入的视角。

第二章　基于 OBE 理念的学前教育专业实践教学体系框架设计

（二）对幼儿进行科学观察与评价的能力

对幼儿进行科学观察与评价的能力直接关系到教育工作者是否能准确理解幼儿的发展需求，是否能针对性地设计教育活动，并对教育效果进行有效的评估。因此，培养学生的科学观察与评价能力，不仅要求他们拥有扎实的理论知识基础，更要求他们具备敏锐的观察能力、深入的分析能力以及科学的应用能力。

1.评价的能力要求学生能够通过系统、细致的观察，全面理解幼儿的行为、情感和社会互动

为实现这一目标，教育者需设计和实施一系列针对性的教学策略，以确保学生能够在多样化的实践活动中精准捕捉并分析幼儿的各种表现，从而为幼儿的成长和发展提供科学、有效的支持和引导。

培养学生的细致观察能力要求其不仅能在固定的环境下观察幼儿，更要能够适应多变的环境和多样的情境，以便全面捕捉幼儿的行为和表现。这种观察能力的培养，需要教育者在教学中引入真实或模拟的多样化保教场景，如日常的课堂活动、户外游戏、小组合作等，鼓励学生从不同角度、不同情境下对幼儿进行观察和记录，以增强其适应不同观察环境的能力。科学的观察不应仅限于幼儿行为的表面现象，更要深入探究行为背后的动机、情感和思维过程。这要求学生在掌握观察技巧的同时，也要具备心理学、发展心理学等相关理论知识，以便能够正确解读幼儿的行为和表现。因此，教育者应在课程中融入相关理论教学，通过案例分析、角色扮演等活动，帮助学生理解幼儿行为背后的心理机制，提高其科学观察的深度和准确性。

科学观察与评价的能力还包括能够对观察所得信息进行整理、分析和评价。教育者应教授学生如何运用观察记录表、行为清单等工具进行系统化记录，以及如何通过数据分析、比较研究等方法对观察结果进行

· 67 ·

科学评价。这一过程不仅有助于学生形成客观、理性的评价观念，也为其今后在保教实践中制定针对性策略和干预措施提供了重要的分析工具和方法。

2. 评价能力的培养要求学生能够基于观察所得的信息，进行科学的分析和评价

为达到这一目标，学生需要掌握一系列评价方法和工具，并能够将观察所得的信息与幼儿发展的理论知识相结合，以实现对幼儿发展水平的准确评估和潜能的发掘。发展评估量表和观察记录表等工具不仅能够帮助学生系统地记录和分析幼儿的行为表现，更为重要的是能够结合幼儿发展的理论框架，对观察所得进行科学解释和评价。通过这种方式，学生能够理解幼儿在不同发展阶段的特点，识别出幼儿在某一领域的成长水平，以及潜在的发展需求。评价的过程不应仅限于对幼儿能力水平的判定，更应关注幼儿的全面发展和潜能的挖掘。这要求学生在评价过程中，不仅要关注幼儿的短板，更要寻找和肯定幼儿的优势和兴趣点。这种积极的评价方法有助于提升幼儿的自信心和学习动力，同时为教育者在后续教育活动中提供了针对性的指导和支持。

评价能力的培养还需教育者在实践教学中设置多种情境，使学生能够在不同的教育活动中练习和应用评价技能。通过真实或模拟的教学活动，学生可以在实践中遇到多样化的评价情境，如幼儿团体活动的观察评价、个别幼儿行为的分析评价等，这些经历有助于学生加深对评价方法的理解和应用，提高其评价的科学性和准确性。

3. 培养学生对幼儿进行科学观察与评价的能力是一个复杂而多维的过程

学生要在实践中灵活应用所学的理论和方法。这一能力不仅要求学生在理论学习的基础上，能够在保教实践中尝试和应用新的观察和评价方法，更重要的是能够根据实际教育情境的特点和需求，灵活调整和优

第二章　基于OBE理念的学前教育专业实践教学体系框架设计

化观察和评价策略，以确保评价结果的准确性和科学性。

学生需要在学习过程中掌握多种观察和评价的理论框架和方法。这包括但不限于定性观察、定量评估、案例分析等多种研究方法。通过这些理论和方法的学习，学生能够在保教实践中有更多的选择和应用空间，从而针对不同的教育情境和需求，选择合适的观察和评价工具。灵活应用所学的理论和方法要求学生具备高度的适应性和创新性。在保教实践中，学生可能会遇到各种预料之外的情况，这就需要他们能够根据实际情况调整观察焦点、改变评价角度或采用不同的评价工具。例如，在观察幼儿团体互动时，如果发现幼儿之间存在明显的合作或冲突现象，学生可能需要从社会情绪发展的角度进行深入观察和分析，而不仅仅是从游戏参与的角度进行评价。

确保评价结果的准确性和科学性，还要求学生能够批判性地思考评价过程中的假设和偏差。学生应该学会怀疑和验证自己的观察结果，通过与同伴、导师的讨论和反馈，对观察和评价过程进行修正和完善。

（三）解决保教实践中问题的能力

在学前教育专业中，培养学生解决保教实践中问题的能力是极为关键的，如图2-4所示。这不仅要求学生对幼儿在不同发展阶段的特点有着深刻的理解，还需要他们能够识别并适应个体差异，以及学会如何在教育环境中应用这些知识。为了有效地进行保教实践，学生必须学会创设一个促进幼儿全面发展的环境，科学地规划和执行日常的保育与教学活动。这包括但不限于引导幼儿参与游戏和学习，为幼儿的行为和学习成果提供适时的反馈和评价。

图 2-4　学前教育专业仿真婴儿

　　学生需要在学术领域内持续学习和更新知识，以确保他们的教育实践能够紧跟最新的教育理论和方法。除了学术上的不断进步，学生还应培养出自我反思的能力，这是不断完善教育实践、实现个人和专业成长的基石。通过自我反思，学生能够识别并改进自己在保教实践中的不足，促使自己在教育领域内实现持续的成长和发展。综上所述，这种全方位的能力培养不仅有利于学生成为能够解决实践问题的高素质教育工作者，也为他们日后的职业生涯和终身学习奠定了坚实的基础。

二、沟通协调能力目标

　　沟通协调能力的培养旨在使学生具备与幼儿、同事、家长以及社区有效沟通和合作的能力。这些能力是学前教育工作者在日常工作中不可或缺的，不仅关系到教育活动的顺利进行，也是提高教育质量、促进幼儿全面发展的关键。通过全面系统的教育和实践训练，学生不仅能够在

第二章 基于 OBE 理念的学前教育专业实践教学体系框架设计

与幼儿、家长、同事和社区的互动中更加自信和有效,还能够为幼儿创造更加和谐、支持的成长环境,促进幼儿全面均衡发展。

(一)与幼儿的沟通能力

与幼儿进行有效沟通的能力是学前教育专业学生必须掌握的基本技能。这种能力的培养不仅涉及语言的交流,更重要的是理解幼儿的心理状态和需求,以及通过各种适宜的方式进行有效的互动。因此,学前教育专业的学生必须学习和掌握与幼儿沟通的技巧,包括语言和非语言的沟通方式,以便支持幼儿的情感表达和社会技能的发展。

1. 有效的师幼沟通技巧的多元构成

有效的师幼沟通技巧包括对幼儿语言和非语言信号的敏感性,以及能够根据幼儿的表现选择最合适的沟通方式。有效的沟通技巧使教师深入理解幼儿的内心世界,从而提供更加个性化和贴心的教育支持。幼儿由于年龄较小,他们的语言表达能力相对有限,因此,非语言信号,如面部表情、肢体动作和情绪反应便成为教师理解幼儿内心状态和需求的重要途径。例如,一个安静的角落里低头玩耍的孩子可能是在享受独处的乐趣,也可能是感到孤独或被排斥。教师需要通过观察和经验判断,采取适当的方式介入,可能是给予更多的关注和鼓励,也可能是引导其他孩子与其进行交流和游戏。

积极的反馈和鼓励对于建立师幼之间的信任和亲密关系至关重要。正面的反馈不仅能够提高幼儿的自信心和自我效能感,还能够激发他们对学习和探索的兴趣。在日常教学中,教师应当重视对幼儿行为的积极回应,即使是小小的进步和尝试,也值得被认可和赞赏。这种正面的教育策略为幼儿的个性化发展和社会适应提供坚实基础。

另外,教师的语言选择和非语言交流方式也是与幼儿建立有效沟通的关键。教师的语言应当简洁明了,同时富有感染力和亲和力,能够吸引幼儿的注意力，并引导他们进行积极的思考和回应。非语言交流方式，如适当的身体接触、鼓励的眼神和温暖的语气，可以进一步增强师幼之间的情感联系，让幼儿感受到安全和被接纳，从而更加自信和开放地表达自己。

2.教师与幼儿的有效沟通需要教师具有对幼儿个体差异的深刻理解和尊重

每个幼儿都是一个独立的个体，拥有不同的个性、兴趣、能力以及学习和反应的节奏。因此，教师在与幼儿进行沟通时，必须采用个性化的沟通策略，以满足每个幼儿独有的需求和特点。个性化的沟通策略要求教师在日常的教育活动中，通过观察和交流，深入了解每个幼儿的特性，包括他们的情感状态、兴趣偏好、社交能力和学习习惯等。这种了解不仅基于表面的行为表现，更需要教师深入幼儿的内心世界，探究他们的想法和感受。基于这种深层次的理解，教师可以设计更为适宜的沟通方式和教育方法，从而更有效地支持幼儿的发展。个性化沟通也意味着教师需要根据每个幼儿的具体情况调整自己的沟通方式。对于内向、害羞的幼儿，教师可能需要采取更为温和、鼓励的沟通方式，给予他们更多的鼓励和支持；而对于活泼、好动的幼儿，可能需要更多的指导和边界设置，以帮助他们更好地集中注意力和参与集体活动。此外，教师还应该尊重幼儿的意愿和选择，鼓励他们表达自己的想法和感受，从而促进幼儿自主性和自信心的发展。

通过这种差异化和个性化的沟通策略，教师能够为每个幼儿创造一个支持性和促进性的学习环境，其中幼儿的个性得到尊重，兴趣被激发，学习动机得到增强。这不仅有助于幼儿的个性发展和社会技能的提升，也是培养幼儿积极性、自我概念和终身学习能力的重要基础。因此，教育者在实践中应不断提升个性化沟通的能力，以更好地满足幼儿的发展需求，促进其全面和谐的成长。

第二章 基于OBE理念的学前教育专业实践教学体系框架设计

（二）与同事、家长及社区共同合作的能力

在学前教育领域，与同事、家长及社区的有效合作是保证幼儿全面发展的关键。学前教育专业学生需要培养与各方合作的能力，这不仅涉及日常的教学工作，更关乎为幼儿创造一个包容、开放和支持性的成长环境。与同事的合作能力要求学生能够在团队中发挥积极作用，通过沟通、协调和合作，共同解决教育过程中遇到的问题，提高教学质量和效率。这种能力的培养，要求学生不仅要了解教育理论和策略，还需要具备良好的人际交往和团队工作技能。

1. 与家长的有效合作是建立在教师与家长之间相互理解和尊重的基础之上

教育专业的学生应掌握与家长沟通的技巧，能够深入了解家长对孩子教育的期望和存在的担忧。通过开展有效的沟通，教师和家长可以共同制订针对幼儿发展的支持计划和活动，从而构建积极健康的家校合作关系。实现与家长的有效合作，首先需要教育专业学生学会如何通过开放、诚恳的沟通方式来建立信任关系。这包括倾听家长的意见和需求，表达对家长关切的理解和支持，以及共同探讨和解决幼儿成长过程中可能遇到的问题。在这一过程中，教师需要运用专业知识来引导家长理解幼儿发展的规律，帮助家长认识到合理的期望值，以及如何在家庭环境中有效地支持幼儿的学习和成长。

教育专业学生还需要学习如何组织和实施家长会、家庭作业指导、家园互动活动等，以增强家长的参与度和合作意识。通过这些活动，家长不仅可以更好地了解学校的教育理念和教学内容，还可以与教师共享育儿的经验和策略，从而形成家园共育的良好氛围。教育专业学生也可以通过这些活动的组织和实施，提升自己的沟通、协调和组织能力，为未来的职业生涯积累宝贵的实践经验。

2. 与社区的紧密合作是拓展幼儿学习和发展机会的重要方式

这种合作不仅能够丰富幼儿的学习内容，还能够帮助幼儿建立起与真实世界的联系，促进其全面发展。对于学前教育专业的学生而言，掌握如何有效地与社区合作，利用社区资源为幼儿提供丰富的学习和成长机会，成为其必备的专业能力之一。与社区合作的能力要求学生能够发现和整合社区中的各种资源，包括文化、艺术、自然、科技等资源，从而为幼儿设计多样化的学习活动。这需要学生具备较强的资源调查和分析能力，能够根据幼儿的学习需要和兴趣，选择和利用适宜的社区资源，创设丰富的学习环境和体验机会。与社区的合作还涉及与社区组织和个人的有效沟通与协作。

另外，学生需要具备良好的沟通技巧和协作精神，能够与社区中的组织、志愿者、专家等建立合作关系，共同为幼儿的学习和发展筹划和实施各类活动。这不仅能够为幼儿提供更多样的学习机会，还有助于建立学校或机构与社区之间的良好关系，促进社区参与和支持学前教育。

学生还需要学会如何组织和实施社区访问、社会实践活动等，使幼儿能够直接接触和了解社区的多样性和丰富性。通过参与社区活动，幼儿不仅能够获得知识和技能的学习，还能够增强社会责任感和公民意识，为其全面发展奠定基础。

三、可持续发展能力目标

在学前教育专业的实践教学体系的目标设定中，培养学生的可持续发展能力旨在使学生具备主动进行反思和改进保教工作的能力，并培养他们终身学习和持续自我发展的意识。这些能力对于学前教育工作者来说不仅能够提升其职业生涯的适应性和发展潜力，也能够促进整个学前教育行业的进步和创新。能够主动进行反思和改进保教工作的能力，要求学前教育专业的学生能够在实践中持续观察、分析和评估自己的教学行为和策略，以及这些行为和策略对幼儿发展的影响。通过反思，学生能够识别自身实践中的优点和不足，从而有针对性地调整和优化自己的保教方法和策略，实现教育工作的持续改进。这种能力的培养需要在实践教学中创设反思性学习的环境，鼓励学生在教师的指导下，定期进行自我反思和同伴评价，形成一种自我监督和自我提升的学习文化。

具有终身学习和持续发展的意识和能力，意味着学生能够在职业生涯中不断追求新知识、新技能和新理念，以适应教育领域不断变化的需求。终身学习不仅包括对专业知识的不断更新和扩展，也包括对教育理念、教育技术和教育方法的持续探索和创新。为了培养学生的终身学习能力，教育者不仅应该提供丰富多样的学习资源和学习机会，如专业研讨会、在线课程、教育项目等，还应该教授学生有效的学习策略和自我管理技巧，使他们能够在未来的学习和工作中自主地规划和执行自己的学习计划。

可持续发展能力的培养是一个长期且复杂的过程，需要教育者在实践教学中细致地规划和指导。通过提供一个支持性和挑战性并存的学习环境，教育者不仅可以帮助学生建立起自我反思和终身学习的意识，还可以激发学生的内在动力，促进他们在个人和专业层面上的持续成长和发展。最终，这将有助于学生成为具有高度自我驱动力和自我更新能力的学前教育专家，为社会培养出更多优质的幼儿教育资源。

四、综合素养能力目标

综合素养能力的培养目标旨在全面提高学生的知识广度和技能深度，使其成为具备跨学科知识背景和多方面技能的复合型人才。这一目标的设定不仅反映了当前教育对于教师角色的全新要求，也体现了对未来教育工作者的前瞻性预期。

（一）自然科学和人文社会科学知识的掌握

综合素养能力的培养并不局限于幼儿教育的专业知识，更重要的是将自然科学与人文社会科学的知识融入教育实践之中。对于学前教育专业的学生而言，掌握自然科学和人文社会科学知识是形成综合素养的基础，这种跨学科的知识结构能够帮助他们构建全面的世界观和价值观，更好地进行教育工作。

自然科学知识的掌握，使学生能够从科学的角度认识和理解学前教育，培养他们的科学思维和实践能力。通过将自然科学的知识和方法应用于幼儿教育中，学生可以设计丰富多样的科学活动，引导幼儿探索自然、了解科学，从而激发幼儿的好奇心和探索欲。人文社会科学知识的掌握，可以增强学生对人类社会、文化、历史的理解和认识。这种知识不仅能够帮助学生形成对社会多样性和文化差异的认识，还能够促进他们的情感发展和价值观形成。通过引入人文社会科学的视角，学生可以为幼儿提供更为丰富和多元的学习内容，帮助幼儿建立起对人与社会的基本认识，培养他们的同理心和社会责任感。

（二）艺术欣赏与创作能力的培养

艺术欣赏与创作能力的培养是学前教育专业学生综合素养培养的重要组成部分，这不仅是因为艺术活动本身对幼儿发展的直接贡献，更因为通过艺术活动能够有效地促进幼儿在情感、社会、认知等多方面的全面发展。因此，对于学前教育专业的学生来说，掌握艺术理论知识及相关的艺术表现技能，不仅能够提高自身的审美素养，更能够在未来的教育实践中，更好地引导幼儿通过艺术活动来探索世界、表达自我和发展创造力。艺术教育能够提供给幼儿一个自由表达的空间，让他们通过音乐、绘画、舞蹈等多种形式来表达自己的情感和想象，这对于幼儿情感

第二章　基于 OBE 理念的学前教育专业实践教学体系框架设计

的发展和个性的塑造具有重要意义。学前教育专业艺术与创作能力培养如图 2-5 所示。

因此，学前教育专业的学生需要具备音乐、绘画、舞蹈等艺术领域的基础知识和技能，以便能够设计和实施各种形式的艺术活动，为幼儿提供多元化的艺术体验和表达机会。

（a）幼儿园艺术创作　　　　　（b）幼儿园舞蹈室

图 2-5　学前教育专业艺术与创作能力培养

艺术活动通过美的体验和创作过程，能够激发幼儿的创造力和想象力。在这一过程中，学前教育专业的学生扮演着至关重要的角色。他们不仅需要通过艺术知识的教授来丰富幼儿的艺术理解和感受，更需要通过指导幼儿参与实际的艺术创作和表演活动，来实践这些知识，促进幼儿的主动探索和创新。艺术欣赏与创作能力的培养还需要教育者自身具有较高的艺术审美能力和艺术表达能力。这不仅能够提升教学的吸引力和感染力，更能够通过模范示范的方式，引领幼儿走进艺术的世界，培养幼儿的艺术兴趣和审美能力。因此，学前教育专业的学生应该通过不断地学习和实践，提高自己的艺术素养，掌握丰富的艺术表达技巧，以便在未来的教育实践中更好地发挥艺术教育的积极作用。

（三）现代信息技术的知识和能力的掌握

现代信息技术已经成为教育领域不可或缺的一部分，尤其是在学前教育中，其重要性更是不言而喻。随着信息技术的不断进步和数字化资源的日渐丰富，学前教育专业学生必须掌握相关的知识和技能，以适应现代教育的需求，为幼儿提供更加丰富多彩、互动性强的学习体验，如图2-6所示。

（a）实训场景一　　　　　　　　（b）实训场景二

图 2-6　"虚拟+现实"学习空间场景

现代信息技术的知识和能力的掌握成为学前教育专业学生综合素养能力培养中的一个关键环节。掌握现代信息技术知识使学前教育专业的学生在教学设计和实施中更加得心应手。通过运用多媒体教学工具、互动软件等技术手段，教师能够创造出更加生动、有趣的学习环境，激发幼儿的学习兴趣和参与热情。例如，利用故事软件为幼儿讲述寓意深刻的故事，或是通过互动游戏帮助幼儿掌握基本的数学概念，这些都是现代信息技术在学前教育中应用的具体实例。

在信息化社会，培养幼儿的信息技术素养是学前教育的重要任务之一。学前教育专业的学生通过学习和实践，不仅能够在教育活动中有效地运用信息技术，还能够教授幼儿如何安全、健康地使用电子设备，初步接触和了解网络世界，从而为幼儿日后的学习和生活打下良好的基础。掌握现代信息技术的知识和能力能够帮助学生更好地进行教育资源的开发和利用。在互联网上有大量的教育资源和平台，学生能够根据教学需要筛选和整合这些资源，掌握更加多样化的学习内容和方式。学生还可以利用现代信息技术手段进行教学反思和交流，与同行分享教学经验，获取教学灵感，进而不断提升教育教学的质量和效果。

第三节 实践教学体系的构建与实施维度

一、学前教育专业实践教学体系的构建维度

在成果导向教育理念下，结合学前教育专业及社会对人才需求的双重标准，可以构建"一体两翼三维度"的实践教学体系，如图2-7所示。其中，"一体"是核心，聚焦培养学生的核心保教能力，涵盖了学前教育活动的策划与实施、幼儿日常管理、家长交流与协作，以及教学环境的优化等关键职业技能。"两翼"则辅以提升学生的职业态度与职业素养，前者强调职业责任感和个人职业生涯规划，后者关注幼儿园内外的专业行为规范，这些潜在的素质对学生的长远发展和教育质量具有深远影响。"三维度"包括课程设计的合理性、实践基地的系统建设及教师队伍的专业发展，旨在全面提升教学质量和效果。这一体系不仅着眼学生即时的教育实践能力提升，也关注其职业素养和综合能力的长期发展。

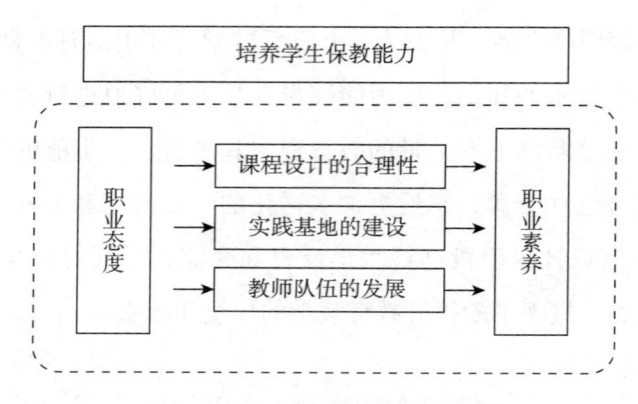

图 2-7 "一体两翼三维度"框架图

（一）培养学生的保教能力

培养学生的保教能力是学前教育专业实践教学体系构建的核心。培养这一能力的目的在于使学生能够在未来的工作中，有效地规划和实施学前教育活动，管理儿童的日常生活，与家长进行有效沟通，并构建适宜的教学环境，体现了实践教学的直接目标和职业技能的关键要求。为实现这一目标，教学内容需要围绕儿童发展的基本理论、保育与教学方法、家长沟通技巧以及教学环境设计等方面展开。学生需要掌握幼儿发展的基础知识，了解不同年龄段儿童的身心特点，以科学地指导自己的保教实践。同时学生应学习如何设计和实施针对性的教育活动，包括游戏、艺术活动、日常生活技能训练等，以促进幼儿全面发展。在与家长的沟通方面，学生需要学会建立积极的家园合作关系，通过有效的沟通策略，理解家长的期望和担忧，共同支持幼儿的成长。

学生还需要掌握构建和维护教育环境的能力，这是促进幼儿全面发展的关键因素之一。具体来说，这包括了对物理环境的有效布置以及对情感环境的积极营造，两者共同作用于创造一个安全、舒适且充满激励的学习空间，激发幼儿的学习兴趣和潜能。物理环境的布置涉及教室内

第二章 基于 OBE 理念的学前教育专业实践教学体系框架设计

外空间的合理规划与设计。学生需要学习如何利用有限的空间资源，通过合理布局教学用具和学习材料，创造出既适合幼儿日常活动，又能满足特定教学目的的环境。这不仅包括教室内的布局，如阅读区、艺术区、科学探索区的设置，也包括户外活动区的规划，如游戏场地、观察花园等。通过这样的布置，幼儿能够在不同的学习区域中探索、实践和学习，促进其综合能力的发展。情感环境的营造则更多强调创造一个温馨、支持和鼓励的氛围。学生应学习如何通过日常互动、语言表达和行为榜样，建立起一种积极的情感连接，让每个幼儿都感到被接纳和尊重。在这样的环境中，幼儿更愿意表达自己的想法和感受，更有勇气面对挑战，从而在情感和社会技能上获得健康的发展。教师的积极反馈和适时激励也能够强化幼儿的自信心和学习动力。

（二）培养学生职业态度和职业素养

培养学生的职业态度和职业素养体现了对学生全面发展的关注。职业态度和职业素养不仅涵盖了个人的专业技能，还包括了职业伦理、团队合作、自我管理和终身学习等方面的能力。这些能力的培养对于学生未来能够在学前教育领域发挥专业作用，以及维护和提升职业形象至关重要。

1.职业态度的培养目的在于使学生树立正确的职业观念，理解学前教育工作者的社会责任和使命

这包括对幼儿的关爱和尊重、对工作的热情和敬业，以及对个人成长和职业发展的积极态度。通过案例讨论、角色扮演、师德师风教育等方式，教育者可以帮助学生深入理解职业伦理的重要性，培养其敬业乐业的职业态度。

2. 职业素养的培养涉及学生在专业知识和技能之外的综合能力的提升

这包括团队合作能力、沟通协调能力、冲突解决能力等，这些能力对于未来在多元化的工作环境中有效协作和应对各种挑战尤为关键。实践教学中，通过小组合作项目、实习反馈会议、职业素养工作坊等方式，学生可以在实践中学习如何与他人有效沟通、如何在团队中发挥作用，以及如何管理自己的职业行为和情绪。

职业素养关注幼儿园内外的专业行为规范，它关注教师在幼儿园内外的专业行为规范和态度，直接影响着教育质量和幼儿的成长环境。这种职业素养不仅体现在教师的教学技能和知识掌握上，还体现在教师的职业道德、责任感、团队合作精神以及与幼儿、家长和社区的有效沟通能力上。职业素养的培养对学生的长远发展具有深远的影响。它要求教师树立正确的职业观念，明确自己的职业责任和使命，以积极的态度投入每一天的教育工作中。教师需要具备高度的职业道德标准，如诚实守信、尊重每一位幼儿的个性和权利、维护幼儿的安全和健康等，这些都是构建和维护良好教育环境的基石。

（三）实践教学体系构建的"三维度"

1. 课程设置的科学性

学前教育专业实践教学体系的构建需要从课程设置入手，高校应在课程设计上充分考虑学前教育专业的特点和未来幼儿园教师的职业需求，以科学、系统的方式组织课程内容，确保学生能够全面、深入地掌握学前教育的理论知识和实践技能。

学科基础课程的设置，如教育心理学、幼儿教育学等，不仅为学生提供了解幼儿发展规律和教育原则的基本框架，还有助于学生建立正确的教育观念和价值取向，为进一步的专业学习奠定基础。专业核心课程

第二章 基于OBE理念的学前教育专业实践教学体系框架设计

的设计更加侧重培养学生的专业素养和核心能力。这类课程，包括幼儿教育理论与方法、幼儿发展与教育评价等，旨在深化学生对学前教育专业知识的理解和应用，提升其解决实际教育问题的能力。通过这些课程的学习，学生可以掌握幼儿园教育活动的设计和实施方法，以及如何对幼儿的发展进行科学评价和指导。

实践课程的设置直接关系到学生将理论知识转化为实际操作能力的过程。通过参与幼儿园教学实习、学前教育项目策划与管理等实践活动，学生不仅能够在实际教育环境中应用所学知识，体验教育实践的复杂性和挑战性，也能够在实践中不断反思和提升自己的教育能力。

2. 实践基地的建设

实践基地的建设是学前教育专业实践教学体系中的重要环节，它为学生提供了将理论知识应用于实践、提高实践操作能力的重要场所，如图2-8所示。

（a）实践基地一调研活动　　　（b）实践基地二调研活动

图2-8 学前教育教师在实践基地的走访调研

建立完善机制，实现教育行政部门、高校和基地"三位一体"机制，共同负责实习的计划、组织、督导、考核和评估。教育行政部门负责宏观协调，高校负责把关实习生的培养，基地中小学幼儿园负责实习期间的生活、教学任务安排协调和教学指导，与高校共同评价考核实习工

· 83 ·

作。① 通过与幼儿园、学前教育机构等建立稳固的合作关系，高等教育机构可以确保学生在接受专业教育的获得丰富的实践经验，这对于学生的综合素质提升和职业技能培养至关重要。优质的实践基地应当具备以下特征：一是应具备完备的教育设施和丰富的教学资源，包括适合幼儿发展需要的教具、游戏材料以及安全、舒适的学习环境，这些都是保证实践教学质量的基础条件。二是实践基地的教育团队应具有高水平的专业能力和丰富的教育经验，他们不仅是学生实践学习的指导者，更是学生职业道德和教育情怀的传递者。

在实践基地中，学生可以通过观察和参与幼儿园的日常教育活动，如幼儿的游戏、学习、生活指导等，深入了解幼儿的成长特点和教育需求，提高对教育实践的敏感性和反应能力。通过这种亲身体验，学生能够在实际教育场景中运用所学理论知识，实现从理论到实践的转化，增强解决实际教育问题的能力。另外，实践基地的建设还应注重与教学内容的紧密结合，确保实践教学活动与课程学习相衔接，以达到理论与实践相互促进的教学效果。通过系统的实践教学安排，学生不仅能够获得实际的教学经验，更能在实践中反思和提升，促进个人的职业成长和专业发展。

3. 教师团队的建设

学前教育专业实践教学体系的构建还需要注重教师的队伍建设，并把重点放在教师培训上，旨在全面提升其教学能力和教育理念。教育机构需要系统地规划和执行教师的专业发展计划，包括定期的培训工作坊、研讨会以及实践指导课程，以确保教师能够掌握最新的教育理论和方法。此外，加强师资队伍的建设也非常关键，这意味着要吸引和保留那些既

---

① 张钡.学前教育专业产学研合作教育模式的实践与研究[J].文教资料，2017（14）：104-105，129.

第二章 基于 OBE 理念的学前教育专业实践教学体系框架设计

有深厚的学前教育理论背景，又具备丰富实践经验的优秀教师。只有具备丰富实践经验的教师，才能为学生提供正确的教育指导和实践指导，确保学生能够在实践中学习和成长。

二、学前教育专业实践教学体系的实施维度

（一）理论与实践相结合

理论与实践相结合是学前教育专业实践教学体系实施的核心原则。为了有效培养学生的专业能力，教育过程中必须确保理论学习和实践经验的有效融合。这种结合不仅能够增强学生对理论知识的理解和掌握，更能提升他们将理论应用于实践的能力，从而为其未来的职业生涯奠定坚实的基础。这要求在知识讲授环节，教育者不仅传授学前教育领域的基本概念、原理和方法，还需深入分析理论背后的逻辑、实践意义及其在现代教育中的应用 OBE 理念下学前教育专业理论课程"以学生为中心"如图 2-9 所示。

（a）幼儿手势舞创编　　　　（b）幼儿热身操创编

图 2-9　OBE 理念下学前教育专业理论课程"以学生为中心"

通过丰富的案例分析、问题讨论和反思活动，教育者可以引导学生深入理解理论内容，培养其批判性和创新性思维。通过实习、模拟教学、

案例研究、项目式学习等多种实践活动，学生可以在真实或模拟的教育环境中应用所学理论，处理实际教育问题。在这一过程中，学生不仅能够巩固和深化对理论知识的理解，还能够提升解决问题的能力，增强自信心和职业责任感。

理论与实践相结合的过程中，教育者应及时对学生的实践活动进行观察和评价，提供具体、建设性的反馈，帮助学生识别不足，鼓励其反思和改进。教育者也应鼓励学生积极分享自己的实践经验，通过同伴学习和讨论，促进彼此的成长和进步。

理论与实践相结合的教学模式不仅要求教育者具备高度的专业素养和实践指导能力，也要求教育机构提供充足的教学资源和实践平台。只有这样，才能确保学前教育专业的学生在理论学习和实践操作中都能获得高质量的教育体验，从而有效提升其专业能力和综合素质。

（二）建立完善的实践指导机制

实践指导机制不仅涉及对学生实践活动的直接监督和指导，也包括了对实践环境的安全管理和风险控制。这要求教育者不断探索和创新，形成适应学前教育专业特点的实践教学体系，为学生的职业生涯奠定坚实的基础。

1. 实践指导机制需要通过制定明确的实践教学标准和流程来保障教学质量

这个机制涉及对实践教学的各个方面进行明确规范，包括教学目标、教学内容、教学方法和评价标准等，以实现实践教学的科学性和系统性。实践教学的各个方面与实践指导机制的关系，如图2-10所示。

第二章 基于OBE理念的学前教育专业实践教学体系框架设计

图2-10 实践教学的各个方面与实践指导机制的关系

（1）明确的教学目标是基础。明确的实践教学目标要求教育者根据学前教育的专业特点和学生的学习需求，设定具体的实践教学目标，如增强学生的实际操作能力、提高学生的创新思维和解决问题的能力等。实践教学目标的明确性能够为教学活动提供清晰的方向，确保教学内容和方法的针对性和有效性。

（2）科学合理的教学内容是核心。教学内容的选择和设计需要紧密结合实践教学目标，除了覆盖学前教育的基础知识、专业技能和职业素养等多个方面，还应考虑到实践活动的可操作性和学生的实际能力。通过科学设计的教学内容，学生可以在实践中系统地学习和掌握学前教育的专业知识，提升专业技能。

（3）规范的教学方法和过程是重要内容。教学方法的选择应该基于实践教学目标和内容，采用案例分析、角色扮演、模拟教学、小组讨论等多种教学方法，增强学生的学习兴趣和参与度。实践教学的过程也需要规范管理,确保教学活动的顺利进行,如通过明确的时间安排、分工合作、实践指导和监督等方式,保证实践活动的有效性和安全性。

(4)有效的评价标准是保证。评价标准需要全面反映实践教学目标,通过形成性评价和总结性评价相结合的方式,对学生的学习过程和实践成果进行评价。评价过程中应重视学生的自我评价和同伴评价,鼓励学生反思实践经验,及时调整学习策略,促进学生的个人成长和专业发展。

2. 建立实践教学风险评估和应急处理机制是保障学生安全、确保教学质量的重要措施

这一机制要求教育者对实践教学过程中可能出现的各类风险进行全面评估,并据此制定有效的预防措施和应急处理方案,以应对可能出现的突发情况。风险评估和应急处理机制的内容如图2-11所示。

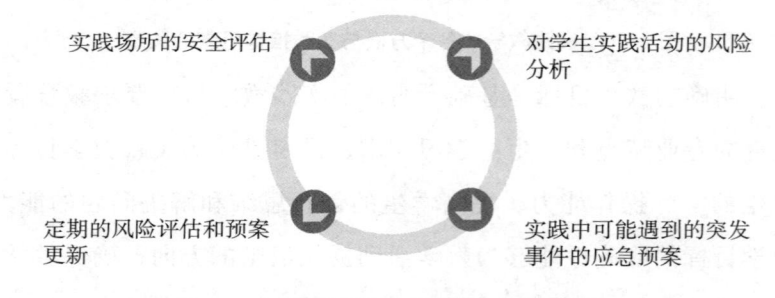

图2-11 风险评估和应急处理机制的内容

(1)教育者需要对实践基地进行全面的安全检查,包括教学环境的物理条件、安全设施的完备性、紧急逃生通道的畅通性等,确保实践环境符合安全标准,能够为学生提供一个安全的学习和实践空间。

(2)教育者应详细分析实践活动中可能存在的风险因素,如操作错误、设备故障、环境变化等,针对这些风险制定具体的预防措施,如加强实践前的安全教育、提供详细的操作指南、定期检查和维护实践设备等,以减少实践教学中的安全事故。

(3)教育者应根据实践活动的特点和可能出现的突发情况,制定详

第二章　基于OBE理念的学前教育专业实践教学体系框架设计

细的应急处理方案，如火灾、伤害事故、自然灾害等应急情况的处理流程和联系方式，确保在紧急情况下能够迅速有效地采取应对措施，保障学生的安全和健康。

（4）教育者应定期对实践教学的风险评估和应急预案进行审查和更新，根据实践活动的实际情况和新出现的风险因素，调整和完善预防措施和应急方案，确保实践教学安全管理的时效性和有效性。

（三）实践成果的评价反馈

通过对学生的实践活动成果进行全面、系统的评价和及时、有效的反馈，不仅可以帮助学生认识到自己在实践过程中的优势和不足，还能激励他们不断改进实践方法，提高实践能力。实践成果的评价需要建立在明确的评价标准和多元化的评价方法基础之上。评价标准应该综合考虑学前教育专业的知识体系、技能要求和职业素养等多个维度，确保评价的全面性和客观性。评价方法包括但不限于实践报告、观察记录、项目展示、同伴评价、教师评价等，多角度、多维度地反映学生的实践能力和成果。实践成果的评价过程应该注重过程性和发展性，强调学生实践能力的持续成长和进步。这要求评价不仅关注学生的最终实践成果，更要关注学生实践过程中的学习态度、问题解决能力、合作交流能力等非认知能力的发展。通过过程性评价，教师可以及时发现并指导学生解决实践中遇到的问题，促进学生的全面发展。

实践成果的评价应当与有效的反馈机制相结合。评价后的反馈不仅包括对学生实践成果的客观评价，还应提供具体的改进建议和指导，帮助学生理解评价结果背后的原因，鼓励他们在未来的实践中做出调整和改进。教师应采取积极鼓励和支持的态度，构建正向的学习氛围，增强学生的自信心和学习动力。实践成果的评价与反馈还应鼓励学生的自我评价和反思。通过自我评价，学生可以从主体角度审视和分析自己的实践活动，识别个人的优势和不足，制订具有针对性的学习计划。自我反思则有助于学生深化对实践经验的理解，促进知识和技能的内化，形成持续学习和成长的能力。

第三章 学前教育专业实践教学体系构建与实施的保障机制

第一节　实践教学体系构建与实施的组织领导机制

一、构建高效的实践教学领导小组

在学前教育专业的实践教学体系中，构建一个高效的实践教学领导小组是确保实践教学活动顺利进行的关键。这个领导小组不仅是实践教学活动的决策机构，也是协调、监督和评估实践教学活动的执行者。因此，领导小组的有效组建和运作直接影响到实践教学的质量和效果。

（一）多元的成员构成

高效的实践教学领导小组需要由多元的成员构成，确保这些成员具有各方面的专业知识和经验，能够全面覆盖实践教学的需要。理想的领导小组成员应具备不同的专业背景和职责范围，以促进教学活动的多元化发展和高效实施。高校学前教育专业教学团队在幼儿园调研，如图 3-1 所示。

（a）园校合作，深入交谈　　　　　（b）幼儿园走访

图 3-1　高校学前教育专业教学团队在幼儿园调研

第三章　学前教育专业实践教学体系构建与实施的保障机制

1.学校领导小组参与的重要性

学校领导小组的参与不仅有助于实践教学活动获得必要的支持和资源，还能够保证实践教学活动获得学校层面的重视。通过明确实践教学在学校整体教育目标中的地位，学校领导可以为实践教学的发展提供明确的方向和策略。这种支持不仅体现在策略制定上，更重要的是在资源配置、政策出台等方面给予实质性的支持。在实践教学活动中，需要诸多资源的支持，如实验室、教学设施、资金等。学校领导可以通过整合学校内部资源，为实践教学活动提供更为充足的资源支持，包括调整资源分配、优化资源利用等措施，确保实践教学活动的顺利进行。学校领导的参与还有利于实践教学成果的推广和应用。通过领导的推动，学校可以将实践教学的优秀成果在更广泛的范围内推广，如学术交流、教学展示等，从而提升学校的教学影响力和品牌价值。

2.学前教育专业负责人在领导小组中扮演核心角色

学前教育专业负责人不仅是连接教师与学校管理层的桥梁，更是确保实践教学活动顺利进行的关键人物。学前教育专业负责人了解学前教育专业的核心教学目标和长远需求，具有独到的专业视角和丰富的教学经验，这使他们在领导小组中扮演着核心的角色。通过他们的专业知识、协调能力和创新意识，可以确保实践教学活动的顺利进行，为学前教育专业人才的培养提供坚实的支撑。

3.教务人员的参与则是保障实践教学活动得以顺利进行的关键

教务人员负责教学计划的安排、教学资源的分配和教学质量的监控等工作，确保实践教学活动能够按计划执行，并达到预期的教学效果。通过对教学计划的精心安排，教务人员确保实践教学活动能够在符合教育目标和学生学习需求的前提下，高效地展开。在教学质量监控方面，通过定期的教学检查、学生反馈收集以及教学效果评估，教务人员能够及时发现实践教学中存在的问题，促进教学方法和策略的持续改进，确保学生能够达到预期的学习成果。

4. 实践教学基地代表的加入则为实践教学提供了直接的支持和资源

实践教学基地代表作为连接高校与实践基地的桥梁，对实践教学的顺利进行具有重要意义。实践教学基地代表能够为学生提供实践机会，这是他们最直接的贡献。通过与高校的合作，幼儿园、社区教育中心等实践基地成为学生实践学习的场所。在这些基地中，学生可以将理论知识应用于实际教学活动中，通过观察、参与和实施教育活动，提高自己的专业技能和实践能力。

实践教学基地代表能够从实践活动中获得较为直接的反馈，并将这些反馈及时传递给高校。这些反馈对于优化合作模式、调整教学内容和改进教学方法具有重要价值。通过收集学生在实践过程中的表现、教学活动的效果以及基地教师和幼儿的反馈，实践基地代表可以为高校提供宝贵的第一手资料，帮助高校更好地理解实践教学的成效和存在的问题。实践教学基地代表在促进教学资源共享和合作研究方面也发挥着重要作用。他们通过与高校的紧密合作，不仅为学生提供了实践机会，也为教师提供了研究和进修的平台。这种双向的资源共享和合作不仅能够提升实践基地的教育质量，也能够促进高校教师的专业成长和学科发展。

5. 教师代表在学前教育专业实践教学领导小组中的参与，是确保实践教学活动质量的关键因素

教师代表的参与确保了教学活动能够紧密结合教学实际，反映教师和学生的实际需求。教师代表的参与能够确保实践教学活动的规划和实施更加贴近教学实际。他们能够将一线教师和学生在教学过程中遇到的实际问题和需求反映给领导小组，使实践教学的规划更加符合实际教学需求，提高教学活动的有效性和针对性。由于他们直接参与教学活动，对教学过程和学生学习状况有深刻的理解和认识，因此能够提供更加准

第三章　学前教育专业实践教学体系构建与实施的保障机制

确和全面的评估意见。通过教师代表的评估，领导小组可以及时了解实践教学活动的成效，发现存在的问题，并针对性地进行调整和优化。

教师代表还能够为实践教学活动的改进提供宝贵的建议和创意。他们通常具有丰富的教学经验和专业知识，能够结合教学实际提出创新的教学方法和策略，促进教学内容的更新和教学方法的改进。这不仅有助于提升教学质量，也能够激发学生的学习兴趣和创新能力。教师代表的参与还有助于加强领导小组与教师团队之间的沟通和协作。通过教师代表，领导小组的决策和规划可以更加透明和开放，教师团队也能够更好地了解实践教学的目标和要求，共同为提高教育质量而努力。

（二）明确的职责分工

在构建高效的实践教学领导小组中，明确的职责分工是确保实践教学活动顺利进行的关键。明确领导小组成员的职责，能够有效地协调各方力量，共同推进实践教学的质量和效率。

1. 领导小组的核心任务

实践教学领导小组的核心任务是规划实践教学的整体方向、设定具体目标及预期成效，以匹配学前教育专业的发展要求。在规划过程中，领导小组综合考量诸如教学资源可用性、实践基地条件以及师生需求等关键因素，旨在确保所定规划不仅具备可行性，也能有效实现既定教学目标。通过这样的系统规划，领导小组致力提高实践教学的质量和成效，为学生提供有价值的学习体验。

2. 领导小组对实践教学质量的监控

实践教学领导小组负责对实践教学的质量进行持续监控，关键是通过评估教学过程中的各项指标，及时识别并解决出现的问题。为此，领导小组定期汇集包括学生学习成效、教师教学响应，以及实践基地反馈在内的多方面信息，实现对教学活动质量的综合评价。这种系统的质量监控机制旨在保障教学活动的高效执行，并推动教学质量的持续提升。

3. 领导小组在面临实践教学中的挑战和问题时的关键职责

领导小组在面临实践教学中的挑战和问题时承担关键职责，迅速采取行动协调资源，寻求有效解决策略。这一职责要求小组成员不仅具备出色的问题解决和决策能力，还需要能够高效协作，确保实践教学能够顺利进行，并实现预定目标。通过这种积极的问题处理机制，领导小组确保了实践教学过程的顺畅和教学质量的持续提升。

4. 领导小组的沟通和协调机能

领导小组负责与实践基地进行有效沟通和协调，建立稳定的合作机制，确保实践教学的顺利进行。通过评估实践基地需求和条件，领导小组协调资源共享，并解决合作中遇到的问题，保持学校与实践基地之间的紧密合作关系。这种沟通协调工作对于实践教学的成功实施至关重要，能够提高实践教学的效果和质量。

5. 领导小组对实践教学的评估与反馈

领导小组通过定期召开实践教学评估与反馈会议，确立了持续改进实践教学的关键机制。这些会议使领导小组能够直接了解实践教学的执行成效，并聚集来自各方的反馈和建议。借助会议得出的评估结果，领导小组能及时对教学计划和执行策略进行必要的调整，进而有效提升实践教学的整体质量与成效，保障教学活动能够更加贴近教育目标和学生需求。

（三）有效的沟通机制

建立有效的沟通机制不仅涉及小组内部成员之间的沟通，更扩展至与学生、实践基地及其他相关部门的互动。有效的沟通机制对于确保信息的准确传递和及时反馈至关重要，它直接影响实践教学过程中问题的解决效率及实践教学活动的顺利进行，如图3-2所示。

第三章 学前教育专业实践教学体系构建与实施的保障机制

（a）园校充分沟通　　　　　　（b）调研场景

图 3-2 高校学前教育专业教学团队调研活动

1. 建立内部沟通机制的作用

内部沟通机制的建立确保了领导小组成员之间能够有效地分享信息和资源，建立和维护一个高效的沟通机制不仅关乎成员间能否及时、准确地交换教学动态和资源，更是影响教学质量和团队凝聚力的关键因素。定期会议是领导小组内部沟通机制不可或缺的组成部分。通过定期召开会议，可以确保每位成员都有机会在相同的时间框架内共享信息、讨论教学进展和面临的挑战。

这种定期的信息交换和讨论不仅有助于提高团队成员之间的认知，还促进了决策的民主化和科学化。在这样的会议中，成员们能够基于共享的信息进行深入讨论，共同制定解决问题的策略，从而提高教学管理的透明度和效率。工作报告作为一种正式的信息传递工具，对于确保实践教学信息的准确性和及时性至关重要。通过编写和共享工作报告，每个成员不仅能够详细记录自己的工作进展、遇到的问题以及解决方案，还能够让其他成员迅速了解和掌握团队的整体工作状态。这种文档化的信息共享方式，不仅增强了信息的可追溯性，还提高了沟通的正式性和严谨性，为领导小组的决策提供了坚实的依据。即时通信工具的使用，为领导小组成员提供了一个灵活、高效的沟通平台。在当今快节奏的工作环境中，借助即时通信工具，如电子邮件、社交媒体和专业的在线协作平台等，能够实现成员间的实时沟通，快速响应教学活动中的突发事件。这种沟通方式不仅提升了沟通的效率，还增加了沟通的及时性和便捷性，使团队能够在面临紧急情况时集思广益，做出有效应对。

高效的内部沟通机制还促进了领导小组成员之间的相互理解和支持。通过频繁且多样化的沟通交流，团队成员能够更好地了解彼此的工作进展和面临的挑战，从而在工作中相互支持和帮助。这种基于深入沟通的相互理解和支持，不仅增强了团队的凝聚力，还提升了工作的整体效率和效果。

2. 实现与学生的沟通机制

与学生的沟通机制的核心目的在于保障学生能够及时、准确地接收到关于实践教学的各项信息，如活动的安排、具体要求、进展更新以及反馈等。实现这一目标不仅需要领导小组精确的信息传递策略，还需借助多样化的技术平台和沟通渠道，以确保信息的有效覆盖和学生的全面参与。教务系统作为高校内部信息管理和发布的官方平台，承担着重要的沟通桥梁功能。通过教务系统发布实践教学的基本信息，可以保障所有学生都能够在第一时间内获得官方且权威的通知与指导。该平台的正式性和权威性使信息具有高度的可信度，为学生提供了一个可靠的信息来源。

课程网站作为辅助的信息发布平台，能够提供更加详细和具体的实践教学内容。领导小组可以通过更新课程网站来发布实践活动的具体安排、过程要求以及评价标准等内容。此外，课程网站还可以作为学生提交作业、查看进度和反馈等互动的平台，从而增强了教学过程的互动性和学生的参与感。社交媒体平台在当代学生中拥有广泛的用户基础和高频的使用率，这使其成了一个极具潜力的沟通渠道。通过建立官方的社交媒体账号或群组，领导小组不仅可以实时更新实践教学的动态和提醒，

第三章 学前教育专业实践教学体系构建与实施的保障机制

还能够与学生进行更为直接和个性化的交流。这种即时性和互动性强的沟通方式,不仅能够极大地提升学生对实践教学活动的关注度和参与度,也为学生提供了一个便捷的反馈渠道。

除了上述沟通渠道的建立和应用,领导小组还需鼓励和促进学生的积极反馈。学生的反馈对于评估实践教学的效果、识别存在的问题以及指导后续教学活动的优化具有至关重要的作用。因此,领导小组应通过问卷调查、面谈、开放论坛等方式,主动收集学生对实践学习体验的看法和建议。通过分析和反思学生的反馈,领导小组可以更精确地调整教学策略和活动安排,以更好地满足学生的学习需求和期望。

3. 与实践基地及其他相关部门建立稳健有效的沟通机制

与实践基地及其他相关部门建立稳健有效的沟通机制不仅是提高实践教学效果的必要条件,也是确保实践活动顺利进行的基石。这种沟通机制的建立,要求领导小组不仅要在内部形成高效的信息传递和资源共享体系,还需要向外扩展,与校外实践基地以及学校内的其他管理部门建立起密切的合作与沟通关系。构建与实践基地的沟通机制,首先应基于对实践基地重要性的充分认识。实践基地作为学生实践学习的主要场所,其条件、环境以及配合度直接影响到实践教学的效果和质量。因此,领导小组需要与实践基地建立稳定而持续的沟通渠道,通过定期的会议、工作交流、互访等形式,及时了解实践基地的运行状况,交流实践教学的进展情况,讨论并解决在实践过程中遇到的问题。此外,通过建立起合作协议或框架协议,双方可以在更加明确和正式的基础上进行合作,从而保证实践教学活动的顺利进行。

构建与学校内其他相关部门的沟通渠道,则要基于对整个教育生态系统内部协作的理解。教务处、学生事务部门等学校内部的其他管理部门,其职能与实践教学活动息息相关,从课程安排、学分认定到学生安全、资金支持等多个方面,都需要这些部门的支持和配合。因此,领导小组需要通过建立正式的会议沟通机制、工作联系点以及定期的信息反馈机制，确保实践教学活动的各项需求能够得到学校内部其他部门的理解和支持。通过这种内部协作和沟通，可以有效地整合学校资源，为实践教学活动的顺利进行提供保障。

建立有效的沟通机制还需要依托现代信息技术手段。无论是与实践基地还是学校内部其他部门的沟通，都可以通过即时通信工具、在线会议平台、专门的信息共享平台等现代信息技术手段来进行。这些手段不仅能够大大提高沟通的效率和便捷性，确保信息的及时传递和准确性，也便于记录和追踪沟通过程，为后续的管理决策提供依据。

4. 领导小组应致力提升实践教学的创新性和实效性

这不仅要求领导小组具备前瞻性的视角和灵活的管理策略，还需要在教学实践中不断探索和融合新的教育理念、方法和技术。通过这种持续的创新和调整，实践教学活动能够更加贴近社会发展的脉动，满足专业领域不断变化的需求，从而有效提升学生的实践能力和专业素养，更好地实现学前教育专业人才培养的目标。

根据社会发展和专业需求不断调整实践教学的内容和形式，是确保实践教学创新性和实效性的持续动力。社会发展的快速变化带来了专业领域知识和技能需求的不断更新，领导小组需要密切关注行业动态和前沿技术，及时调整教学内容，确保教学活动能够紧贴行业发展的最新趋势。通过灵活多样的教学形式，能够使学生在多样化的学习情境中掌握必要的知识和技能，增强其解决实际问题的能力。

二、教师与实践教学管理人员的角色定位

在学前教育专业的实践教学体系中，教师与实践教学管理人员的角色定位对于实践教学活动的有效进行至关重要。这两者虽然在实践教学中扮演不同的角色，但都是实现教学目标、保证教学质量的关键因素。

第三章　学前教育专业实践教学体系构建与实施的保障机制

因此，明确教师与实践教学管理人员的角色定位，有利于建立一个高效运作的实践教学团队。在这个团队中，教师通过直接参与实践教学活动，发挥其专业知识和教学经验的优势，直接影响学生的学习和发展；实践教学管理人员则通过背后的组织、协调和管理工作，为实践教学活动的顺利进行提供支持和保障。这种角色的互补和合作，能够确保实践教学活动的质量和效果，最终实现学前教育专业人才培养的目标。

（一）教师的引导者角色

在学前教育专业实践教学体系的构建与实施中，教师的角色已经由传统的知识传递者转变为引导者和指导者，这一变化反映了教育理念的演进和教学方法的创新。在这个过程中，教师不仅需要将理论知识与实践活动紧密结合，还需要设计和实施具体的实践教学方案，有效地指导学生在实践中学习和应用专业知识，发展专业技能。这种角色的转变，要求教师具备更加丰富的专业知识、更加灵活的教学策略以及更高的教育智慧。教师作为引导者，还应在实践教学中扮演情感支持和心理辅导的角色，为学生营造一个积极、支持性的学习环境。在实践学习的过程中，学生可能会遇到挫折和困难，此时教师的鼓励和支持对学生保持学习动力、增强自信心具有不可估量的作用。通过建立良好的师生关系，教师可以更有效地了解学生的需求和感受，从而提供更为精准和人性化的引导和帮助。

（二）管理人员的角色定位

实践教学管理人员的角色则更侧重实践教学活动的组织、协调和管理，他们的职责和活动范围涵盖了实践教学的各个方面，从总体规划到具体执行，从资源配置到时间管理，再到与各参与方的沟通和协调。这一角色的核心在于确保实践教学活动能够高效、顺畅地进行，同时达到既定的教学目标和要求。为此，实践教学管理人员需要具备高度的组织能力、沟通能力以及问题解决能力，以满足自身的角色定位。

三、资源配置与管理

资源配置与管理不仅涉及物质资源，如实践基地、教学设施设备等，也包括人力资源，如教师团队和管理人员。有效的资源配置与管理能够为学生提供丰富的实践学习机会，促进其专业技能和综合素养的提升。

（一）物质资源配置需要科学规划和合理布局

在学前教育专业的实践教学体系构建与实施中，物质资源的配置是保障教学质量和效果的基础性工作。科学规划和合理布局的物质资源配置，不仅直接关系到实践教学活动的顺利进行，而且影响到学生学习效果的最大化。因此，高等教育机构在进行物质资源配置时，需要综合考虑教学计划、学生人数、教学内容的特点及实践教学的具体需求，以实现资源配置的科学性和合理性。

1. 物质资源配置的科学规划

物质资源配置的科学规划要求高校对实践教学的场所和设施设备进行充分的预见性分析，确保每一项资源配置都能够贴合学前教育专业的核心教学目标和学生的具体实践技能培养需求。在这一过程中，特定教学空间的设立，如模拟教室、观察室、艺术工作室、科学实验室等，成为实现教学目标的关键环节。通过精心设计的教学空间和精选的教学资源，不仅能够为学生提供丰富多样的学习和实践机会，还能有效促进学生实践技能的发展和专业素养的提升。

教学场所的设立需基于学前教育专业的教学目标和学生实践技能的培养需求。这意味着，每一个特定的教学空间，都应当围绕培养学生的某项或某些具体技能而设计。例如，模拟教室的设置，旨在模拟真实的

第三章　学前教育专业实践教学体系构建与实施的保障机制

幼儿园环境，通过提供相似的物理环境和教育资源，使学生能够在接近实际的教学环境中学习和实践，从而加深对幼儿教育工作的理解和掌握。观察室的配置，应便于学生观察儿童的行为和互动，以及如何从儿童的日常行为中获取教育的启示和方法。

教学空间的设计需考虑空间的灵活性和多功能性。在当今教育多样化和个性化的趋势下，教学空间不应仅仅被视为传统意义上的"教室"，而应成为支持各类教学活动进行的多功能平台。这要求教学空间能够根据不同的教学需求和活动类型进行快速调整和变化。例如，艺术工作室应具备灵活的布局，既能进行传统的绘画、手工艺制作，也能进行音乐、舞蹈等艺术形式的教学活动。科学实验室则应配备多种科学实验工具和材料，以支持学生进行从简单到复杂的多种科学实验。

专业设备和工具的配备是实现教学目标的重要保障。每一项教学活动的成功，都离不开相应的教学资源支持。因此，高等教育机构在进行物质资源配置时，需细致考量各类教学辅助工具和材料的需求，确保这些资源的充足和适宜。这些资源不仅要满足基本的教学需求，还要能激发学生的学习兴趣和创新思维，促进学生在实践活动中的主动探索和深入学习。

2. 物质资源的合理布局

合理布局物质资源要求高校在空间利用和资源分配上做到高效有序，确保教学资源能够满足学生日常学习及特殊教学活动的需求。通过科学规划校园内的实践教学场所，以及建立高效的资源管理和调配系统，高等教育机构能够确保教学资源得到最优化的利用，为学生提供高质量的学习环境，促进其全面发展。

高校需根据校园整体布局和学生活动动线进行物质资源的科学规划。这意味着，教育机构必须在校园规划初期，就将实践教学场所的位置、大小、布局与学生的日常活动路径和学习习惯进行匹配分析。例如，

· 103 ·

模拟教室和观察室等常用的实践教学空间应设置在学生容易到达的地点，同时考虑到接近理论教学区域，以便于理论与实践的紧密结合。此外，特殊教学空间，如艺术工作室和科学实验室，不仅需要配备相应的专业设备，还应考虑其对周围教学环境的影响，确保教学活动的正常进行不受干扰。

合理布局还涉及教学辅助工具和材料的有效管理。教育机构应建立一套完善的资源管理和调配机制，确保教学所需的各类物资能够及时、准确地分配到需要的地方。这包括建立精确的物资清单，实时跟踪物资的使用状态，以及设立快速响应的物资调配流程。通过这些措施，可以最大限度地减少资源的闲置和浪费，确保每一项资源都能发挥其最大的教学效用。

教育机构还应定期对物质资源的布局和使用情况进行评估和调整。随着教学计划和学生需求的变化，原有的资源配置和布局可能不再适应新的教学要求。因此，通过定期的评估，可以及时发现资源配置中的不足和问题，根据实际情况对资源布局进行优化调整。这种动态的管理模式有助于保证物质资源配置的长期有效性和适应性，支持教育机构不断提高教学质量和效率。

3. 物质资源的可持续性和更新换代

随着教育技术的不断进步和教学模式的日益创新，物质资源的可持续性和更新换代成为高等教育机构在进行物质资源配置时必须考虑的重要因素。为了适应教育发展的需求，保障教学质量的持续提升，高校在规划和布局物质资源的过程中，需要具备前瞻性的视角，确保资源配置不仅可以满足当前的教学需求，也能适应未来的发展变化。

高校在物质资源配置的初期规划阶段，应充分考虑到教学资源的可持续性。这意味着，在选定教学设施和设备时，不仅要考虑其当前的功能性和适用性，还要预见到未来可能的技术进步和教学需求变化。因此，

第三章　学前教育专业实践教学体系构建与实施的保障机制

高等教育机构应预留出足够的空间和预算，以便于未来对教学资源进行升级和扩展。例如，在建设科学实验室或计算机室时，除了配备当前先进的实验器材和计算机设备，还应考虑留足扩展空间，以便将来引入新的技术和设备。

教育机构还需建立一套有效的资源评估和需求分析机制，以确保物质资源配置的及时性和适应性。通过定期对教学资源的使用情况、技术发展趋势以及教学需求的变化进行综合评估，高校能够及时发现资源配置中的不足和过时的问题，根据评估结果调整和优化资源配置方案。这不仅包括对现有教学设施和设备的升级换代，也包括引入新的教学资源和技术，以满足教学发展的新需求。

考虑到资源的环保性和经济性，高校在进行物质资源配置时需要给予关注。在选择教学设施和设备时，应优先考虑那些能够节能减排、降低运营成本的环保型产品。这不仅有助于高校实现可持续发展的目标，也能够降低教育成本，提高资源利用的经济效益。高校应鼓励和支持教师和学生积极探索和应用新的教学方法和技术，通过创新驱动教学资源的高效利用和更新换代，促进教育教学质量的持续提升。

（二）人力资源的配置与管理的关键性

人力资源的配置与管理不仅涉及教师团队的构建和管理，还包括实践指导老师的选拔与培训，以及专职管理人员的配备等多个方面。通过科学合理的人力资源配置和管理，可以为学生提供高质量的教学指导，从而保障实践教学活动的高效运行。

1.教师团队的构建是实践教学成功的基础

一个优秀的教师团队应由具有丰富的实践经验和高水平的教学能力的教师组成。这些教师不仅需要具备深厚的专业理论知识，还应拥有丰富的实践操作经验和良好的教学技巧，能够根据学生的具体情况，提供个性化的指导和支持，如图3-3所示。因此，高等教育机构在进行教师团队的构建时，不仅应重视教师的综合素质选拔，还应考虑团队的专业结构和教学经验的多样性，以满足实践教学的全方位需求。

（a）指导教师对学生指导　　　　（b）指导教师对学生指导

图3-3　高校实践指导老师在实训基地与学生研讨

2. 实践指导老师的选拔与培训是提升实践教学质量的关键环节

高等教育机构在这一领域的工作需精心设计与执行，确保实践指导老师能够有效地支持学生的学习与成长。实践指导老师的选拔机制和标准应既严格又全面。这意味着，被选拔的教师不仅需要具备深厚的专业知识基础，还应拥有丰富的实践经验和良好的教学技能。专业知识为教师提供了教学的内容基础，而实践经验使教师能够将理论知识与实际操作相结合，提供真实的教学案例，增强学生的学习兴趣和实践能力。此外，良好的教学技能可以帮助教师有效地传递知识，激发学生的学习动力，进而促进学生能力的全面发展。

定期的教师培训是保持教学质量和更新教师专业技能的重要途径。随着教育理念、教学技术的不断进步和教学评价方法的更新，即使是经验丰富的教师也需要不断学习和适应新的教育趋势。因此，高校应定期组织教师参与专业培训，培训内容覆盖最新的教育理念、先进的教学技术以及创新的评价方法等，旨在帮助教师掌握最前沿的教育工具和方法，从而提升教学效果和学生的学习体验。这种持续的专业发展机会不仅能够增强教师的教学能力,还能够提高教师的职业满意度和教学热情,进而促进教学质量的持续提升。

教师培训不应仅限于提升教师的专业技能和知识水平,还应包括教师情感态度和教学伦理的培养。教师的情感态度直接影响到师生互动的质量和教学氛围的营造,而教学伦理关系到教育活动的公正性和专业性。通过培养教师的全面素质,可以确保教师不仅传授知识技能,更能够传递正确的价值观和人文关怀。

3.配备专业的实践教学管理人员也是确保实践教学顺利进行的关键

这些管理人员负责协调和管理实践教学的全过程,包括实践教学计划的制订、实践资源的分配、实践活动的组织执行以及问题的及时解决等。因此,实践教学管理人员不仅需要具备丰富的教学管理经验,还应具有良好的组织协调能力和问题解决能力。通过专业的管理和协调,可以有效地整合教学资源,优化教学流程,保障实践教学活动的高效、有序进行。

(三)资源管理应注重效率和效果的提升

资源管理的核心目标是确保资源的高效利用和教学效果的最优化。为实现这一目标,高等教育机构需采取一系列策略和措施,包括建立协同完善的资源管理制度,实施资源共享机制,以及定期评估和优化资源配置方案。这些措施旨在提升资源管理的效率和效果,保障实践教学活动的顺利进行,同时促进学生专业技能和实践能力的全面发展。

1.建立协同完善的资源管理制度是提升资源管理效率和效果的前提

对于同一地域内的相关高校而言,通过建立合作机制,共同制定资源配置的标准和程序,明确资源使用和管理的规则,不仅可以最大化资源的利用效率,还能促进教育资源的优化分配和合理利用,从而提升整体教育质量。

协同完善的资源管理制度要求相关高校在资源配置标准和程序上达成共识。这涵盖了物质资源和人力资源两大类。在物质资源方面，教学设施、实验器材等配置标准的统一设定，能够确保不同高校在资源获取和使用上的公平性和一致性，避免因配置标准的差异而引起的资源浪费或不足。在人力资源方面，教师队伍的构建、管理人员的配备等管理规范的统一制定，有助于实现教师资源的优化配置和高效利用，提升教育服务的质量和效率。

建立合作机制是实现资源配置统一规划和协调管理的关键。通过建立区域性或专业性的教育资源共享平台，相关高校可以在平台上共享教学资源、研究成果、实践基地等，实现资源的互联互通和优势互补。例如，一所高校拥有先进的科研设备而缺乏某方面的专业教师，另一所高校有相应的教师资源却缺少科研设备，通过资源共享机制，两校可以在资源使用上相互补充，共同提升教学和科研水平。

避免资源配置中的重复投资和浪费是协同完善资源管理制度的另一重要目的。在资源管理协同机制下，相关高校可以充分了解彼此的资源配置情况和需求，避免在相同或相似资源上的重复投资，从而节省教育成本，提高资源配置的经济效益。通过定期交流和评估，各校可以及时调整和优化资源配置方案，确保资源配置始终符合教学发展的实际需求，提高资源利用的效率。

2. 实施资源共享机制是实现资源高效利用的有效途径

在当今教育资源日益紧张的背景下，资源共享机制的实施成为高校提升资源利用效率、提高教学质量的重要策略。通过构建跨高校的资源共享平台，不仅可以实现教学资源、研究资源、实践基地等的共享与交流，还能促进学校间的合作与互助，共同提升教育教学水平。

教学资源的共享使高校能够超越物理和财政限制，扩大学生和教师

第三章　学前教育专业实践教学体系构建与实施的保障机制

的学习与研究范围。通过共享平台，学校可以共享课程内容、在线教学资源、虚拟实验室等，使学生和教师能够访问更为丰富多样的教学材料和研究工具。这种跨校的资源共享，不仅有助于丰富学生的学习体验，还能够促进教师教学方法的创新和改进。研究资源的共享对于提高研究质量和效率具有重要意义。通过共享高端科研设备、实验材料、研究平台等，高校之间可以共同参与大型研究项目，集中优势资源攻克科学难题。这不仅能够减少重复投资，节省研究成本，还能够通过跨学科合作开拓研究视野，提升研究成果的创新性和实用性。

实践基地的共享为学生提供了更广阔的实践学习平台。不同高校的学生可以共享实践基地、实习单位等实践资源，实现在相同或相似的实践环境中进行学习和交流的目标。这种实践机会的扩大，不仅有利于学生将理论知识应用于实践，还促进了学生间的相互学习和经验交流，增强了学生的实践能力和团队协作能力。资源共享还有助于形成教学资源的规模效应。通过集中优势资源，高校可以实现资源的最优配置和高效利用，最大化资源的使用价值。资源共享还促进了高校之间的相互了解和信任，为实现进一步的校际合作奠定了基础，有助于形成良好的教育生态圈，共同推动高等教育事业的发展。

3. 定期对资源配置与管理进行评估和调整，是确保资源配置科学性和合理性的关键

高等教育机构应定期收集和分析实践教学的反馈信息，评估资源配置和使用的实际效果。通过这种评估机制，可以及时发现资源配置中存在的问题和不足，针对性地进行调整和优化。例如，发现某些实践基地的利用率低下，可以适当调整资源分配方案，将资源转移到更需要的领域或活动中。通过持续的评估和优化，可以确保资源配置方案始终能够满足实践教学的实际需要，提升教学效果。

第二节　实践教学体系构建与实施的质量保障和监控机制

一、质量保障机制

（一）加强实践教学管理

面对传统实践教学中存在的管理松散和随意性问题，采取精细化管理策略是优化实践教学结构、提升教学效果的重要措施。这要求高等教育机构系统规划和实施实践教学的管理工作。这不仅有利于提高学前教育专业的实践教学质量，还能够促进学生实践能力和专业技能的全面发展，为社会培养出更多具备实践经验和创新能力的高素质教育人才。

1. 建立和完善实践教学的规章制度是质量保障的基石

为了确保实践教学能够达到预期的教学效果，建立和完善实践教学的规章制度成为质量保障的基石。这要求教育机构针对实践教学的不同环节和内容，制定一系列明确、具体的管理规定和操作指南，以提供标准化的教学指导。

对于包含实践教学元素的课程，必须编制与理论教学相衔接的独立实践教学大纲。这一大纲不仅概述了课程的整体教学目标，还详细指明了实践教学的具体内容、步骤和要求，确保实践教学的系统性和连贯性。通过这种方式，教育机构能够确保理论知识与实践技能的有效融合，促进学生对知识的深入理解和应用。对于教育见习、实习等形式的实践活动，细化指导任务和明确指导老师的责任至关重要。通过设定清晰的指导要求，教育机构能够为学生提供具有指导性和针对性的实践学习环境。此外，指导老师在实践活动的不同阶段（如见习和实习的初期、中期、结束环节）应执行有效的检查和监督工作，以确保实践教学的质量和效果。

2.加强对实践教师的管理和指导是确保实践教学质量的关键

实践教师是理论与实践的桥梁，直接影响到学生实践技能的发展和专业能力的提升。因此，强化对实践教师的管理和指导成为确保实践教学质量的关键环节。为此，高等教育机构需通过建立激励机制和支持体系，促进教师的积极参与和专业成长，从而持续优化实践教学效果。

建立激励机制鼓励教师积极参与实践教学是一项重要举措。这种机制可以通过提供专业发展机会、设置教学奖励、提供研究资助等多种方式实现，旨在激发教师的教学热情和创新精神。通过认可和奖励教师在实践教学中的贡献和创新，不仅能提升教师的职业满意度，还能促使教师更加投入学生实践能力的培养过程中。高校应为教师提供必要的资源和平台，支持他们开展教学实践研究，探索更有效的实践教学方法和学生能力培养策略。这包括鼓励教师参与教学法研讨会、学术交流、项目合作等活动，以及提供研究资金支持教师开展与实践教学相关的科研项目。

总结和推广实践教学中的有效经验和方法，对于优化实践教学策略、提高教学质量具有重要意义。高校应建立机制，鼓励教师分享实践教学的成功案例和宝贵经验，通过教师培训、教学研讨和学术出版等方式，促进这些经验和方法的广泛传播和应用。通过这种方式，可以形成教师之间的学习和互助氛围，共同推动实践教学质量的提升。

（二）加强实践教学的师资队伍建设

在学前教育专业实践教学体系的构建与实施中，师资队伍建设是质量保障机制的核心组成部分，直接影响实践教学的质量和效果。为了实现实践教学的目标，学院需制定明确的师资队伍建设规划，聚焦提升教师的专业能力和实践技能，确保教学活动能够顺利进行，并有效促进学生技能的发展和知识的应用。

1."双导师制"实践导师团队的构建

通过聘任来自实践基地的一线骨干教师与学院教师共同承担学生的实践学习指导工作，从而构建"双导师制"的实践导师团队，如图3-4所示。这一制度的核心在于融合校内外资源，即结合学院教师的理论知识和实践基地一线骨干教师的实际经验，共同指导学生的实践学习过程。此举不仅丰富了学生的学习指导，而且加强了理论与实践的紧密结合，有效提升了实践教学的质量与效果。"双导师制"的实施为学生提供了多角度、全方位的学习指导。来自实践基地的一线骨干教师能够将丰富的实际工作经验和先进的教育理念直接带入教学过程中，使学生能够及时了解行业最新发展动态和实际工作需求。学院教师以其扎实的理论基础为学生提供科学的理论指导，帮助学生构建完整的知识体系。这种双向互补的指导模式，有效地促进了学生专业技能的全面发展，增强了其解决实际问题的能力。

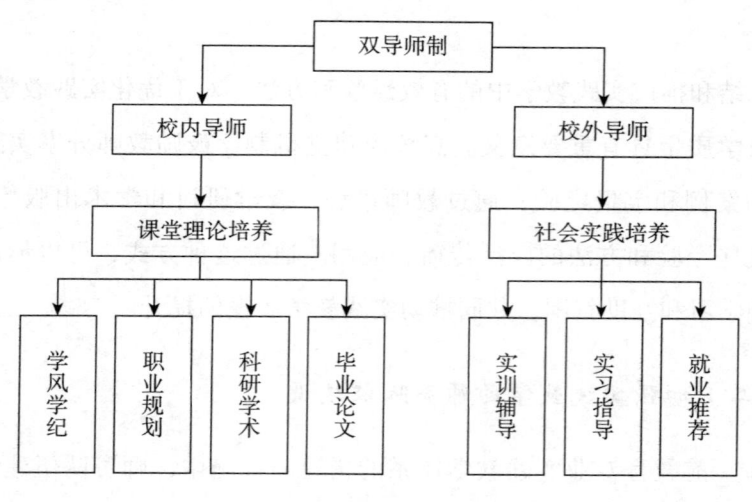

图3-4 "双导师制"示意图

第三章　学前教育专业实践教学体系构建与实施的保障机制

"双导师制"还促进了学院教师与实践基地之间的紧密合作与交流。通过这种合作，学院教师可以直接参与到实践教育的第一线，获取一手的教育实践信息和经验，反过来又能将这些实践经验融入理论教学中，使教学内容更加贴近实际，提高教学的实践性和应用性。实践基地也能从学院获得最新的教育理论支持和专业知识更新，实现资源共享和相互促进。

2. 重视师资队伍的专业发展是提升实践教学质量的关键

为了实现这一目标，学院必须精确评估教师的专业发展需求，并据此设计出针对性的培训计划，以促进教师专业知识的更新，以及教学方法和技术的掌握。通过这种方式，教师能够不断提高自身的理论水平和实践教学能力，为学生提供更为丰富和高效的学习支持。精确评估教师的专业发展需求是设计有效培训计划的前提。这要求学院通过问卷调查、个别访谈、教学反馈等多种方式收集教师的反馈信息，从而全面了解教师在专业知识、教学方法、技术应用等方面的实际需求和存在的不足。基于这些信息，学院可以制订出更为贴合教师需求的培训计划，确保培训内容的实用性和有效性。这些培训计划应包括最新教育理念的介绍、现代教学方法和技术的应用、实践教学案例分析等内容，旨在帮助教师更新和扩展其专业知识，掌握先进的教学技能。此外，培训活动还应鼓励教师进行教学创新和实验，探索更有效的教学策略，提升教学的互动性和吸引力。

通过这些专业化的培训，教师不仅能够提升自身的理论水平，还能够增强实践教学能力。这对于提高实践教学的质量、促进学生技能的发展具有重要意义。教师的专业成长直接影响到教学内容的丰富性、教学方法的先进性以及教学效果的有效性，进而影响学生的学习体验和专业技能的提升。

3. 实施"双资格证书"准入制度是确保教师队伍质量的有效手段

该制度通过要求教师同时具备教师资格证书和相应的职业技能证书，保证了教师在专业知识掌握和实践技能运用上的双重优势，如图3-5所示。这一制度的实施，不仅提高了教师的专业素养，而且确保了实践教学活动能以更高的标准和要求进行。教师具备的专业知识为学生提供了扎实的理论基础，具备丰富的实践技能则能够指导学生将理论知识应用于实际情境中，从而有效地提升学生的实践能力和解决问题的能力。

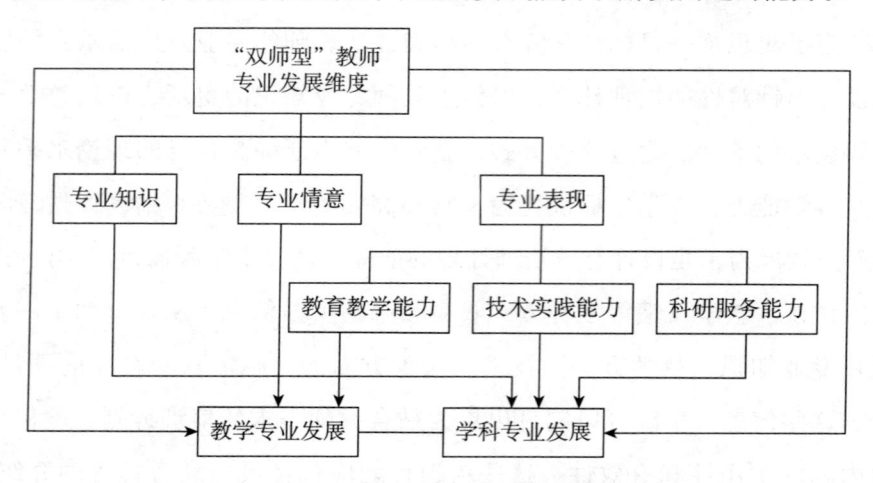

图3-5 "双师型"教师专业发展维度

加强"双师型"教师队伍的建设，是实现教师专业发展和提升教学质量的有效策略。所谓"双师型"教师，即指那些既具备专业理论知识，又有丰富教学经验的教师。这类教师能够将理论与实践紧密结合，为学生提供富有启发性和应用性的教学内容。通过强化理论教师的实践培训和专业技能考核，学院能够培养出一支既理解教育理论，又能够熟练掌握并传授实践技能的教师队伍。这些教师以自身的实践经验和专业能力，极大地丰富了教学内容，提高了教学过程的吸引力和有效性，从而促进学生全面发展。

二、监控机制

《中国教育现代化 2035》提出要普及有质量的学前教育，通过构建教育质量评估监测机制，建立全过程、全方位人才培养质量监控反馈体系来提高幼儿教师队伍整体质量。[①] 高校学前教育专业的发展，以及其人才培养质量的提升，依赖于一个科学的实践教学体系及其质量监测机制。这一机制不仅是高等教育提高办学质量、优化实践教学布局、完善实践教学体系的关键措施，也是确保教育质量持续改进和学生能力全面发展的重要保障。通过有效的质量监测机制，高校能够及时评估和调整实践教学活动，确保教学内容、方法和资源的最佳配置，从而促进学前教育专业学生的专业成长和实践能力的提升。

（一）建立系统化的实践教学监控机制

在学前教育专业中，建立一个系统化的实践教学监控机制是确保教学质量和促进学生全面发展的关键环节。这一监控机制根植于成果导向教育理念，强调"学生中心、产出导向、持续改进"的原则，通过这一机制的实施，高等教育机构能够全面监控和评估实践教学活动的质量，及时调整和完善教育教学策略，从而有效支持学生的内涵式发展，提升学前教育专业的整体教育质量。

系统化的实践教学监控机制以学生的发展为核心目标，将学前教育专业学生的成长和发展置于监控的中心位置。这意味着监控的焦点不仅仅局限于学生的知识掌握和技能水平，更包括学生综合素质的提升和个性发展的支持。通过与人才培养各利益主体的联合参与，包括校方、教师、学生、社会及相关机构，形成一个立体多元、联动互补的监控网络，

---

① 牟映雪，丁梦丽.学前教育专业人才培养质量监测及提升的体系建构[J].天津师范大学学报（基础教育版），2020，21（2）：92-96.

实现对学生整个学习过程的全方位监控。

该监控机制不仅关注人才培养的最终结果,更重视人才培养的全过程,从培养目标的设定到毕业要求的满足,从课程教学的安排到教育实习实践的执行,从师资队伍的配备到教学质量的保障,全面监测学前教育专业学生的学习情况和教学活动的质量,确保教育活动的每一个环节都能有效支撑培养目标的达成。

系统化的监控机制强调对监测过程中发现的问题进行及时反馈和调整。通过建立有效的反馈机制,及时向相关的教育和管理部门、教师团队以及学生本人反馈监控过程中发现的问题,促使各方面针对存在的问题采取改进措施,推动课程内容、教学方法、合作实践活动、师资队伍建设、教学支持条件以及学生个人发展等各方面的持续完善和优化。

(二)构建实践教学监控的内部保障机制

在学前教育专业中,构建一个有效的实践教学监控内部保障机制是确保教学质量和培养高素质技能型人才的重要环节。这一机制以当前社会对人才的需求为导向,把握学生可持续发展的核心,通过明确的教育质量观、全面的监控体系和综合的保障措施,可以确保实践教学活动的科学性和有效性,促进学生的全面发展,培养出符合社会需求的高素质技能型人才。

高等教育机构在追求教育质量的过程中,必须建立全面而深入的教育质量观念,并加大对教育质量监测的资源投入。这意味着,除了对教学成果的关注,更应重视教学过程的质量管理,从而保证教学的每个阶段都能满足预定的质量要求。为此,需要建立一个全方位的教学质量监控体系,该体系由学校的宏观管理层、学院的执行层,以及各个专业的实施层组成,确保从整体到细节的教育教学质量得到有效监控和保障。这样的三级质量监控体系不仅覆盖教育教学的全域,还能促进教育质量的持续提升，确保教学活动在实现教育目标的同时能满足学生和社会的需求。

教育质量监控体系的核心在于将过程性评价与结果性评价有效结合。过程性评价专注教学活动的每一个环节，包括课程设计、教学策略的应用、学生的互动参与程度等方面；结果性评价则着眼于教学活动的最终成果，如学生掌握的核心专业技术、实习表现，以及其综合能力的培养等。这种双重监控机制能够全方位保障学前教育专业培养目标的实现，从而确保毕业生能够满足行业标准与社会需求。通过这样的监控体系，教育机构可以在持续追踪教育教学质量的同时，为学生提供更加贴合职业发展的教育服务，促进学前教育专业的持续优化与进步。

构建实践教学监控的内部保障机制还需要依托学校的管理体系，形成一个包括"制度保障、专家督导、质量监控、能力提升"四个方面的综合体系。制度保障为教学质量提供了基本的规范和指导；专家督导通过引入外部或内部专家对教学过程进行指导和评估，为教学质量的提升提供专业建议；质量监控则是通过建立和完善教学质量监控体系，对教学过程和结果进行定期的检查和评价；能力提升则侧重教师和学生能力的提升，通过专业培训、实践活动等方式，不断提高教师的教学能力和学生的专业技能。

（三）构建实践教学监控的外部保障机制

高校应加强与社会各界利益相关方的联系，通过建立一个多主体参与的监控机制，实现对实践教学质量的全方位、全过程监控，从而有效支持学前教育专业毕业生综合能力的提升。多主体监控机制的建立意味着除了学校内部的管理和监控，还需引入用人单位、学生家长、教育行政部门等外部利益相关方的参与。这些外部主体可以提供不同视角的反馈和评价，为学校的实践教学质量提供更为全面的监控。例如，用人单位可以就毕业生的专业能力、核心素养等方面提供直接的反馈，帮助学校了解教育成果在实际工作中的应用情况；家长和学生则可以从学习体验和满意度等角度，为教学质量的评估提供重要参考。

完善毕业生保教能力长效监控服务平台，对毕业生的职业发展进行追踪，可以更有效地评估实践教学的成效。通过收集毕业生在职业生涯中的表现、成就以及遇到的挑战，学校可以及时调整课程设置、优化教学方法，以更好地满足社会和行业的需求，提升人才培养的质量。采用"教、研、学、用"一体化的方式，是构建外部保障机制的重要策略。这一策略要求教学、科研、学习和应用紧密结合，形成一个互相支持、相互促进的循环系统。通过将教学内容和方法与科研成果、学生学习需求以及社会应用紧密连接，可以构建一个既能满足学生专业发展需求，又能适应社会和行业变化的教学体系。

第三节 实践教学体系构建与实施的服务机制

一、建设多维实践基地

在学前教育专业中，建设多维实践基地是满足学生教育实践需求的关键措施。通过考虑幼师的专业成长规律，以及学前教育专业学生的多层次教育实践要求，构建一个优质、便捷、合理的多维实践基地，能够为专业实践活动提供坚实的支撑。

（一）核心实践基地的建设

以学院附属实验幼儿园作为实践教学的核心基地，这一策略充分发挥了附属实验幼儿园在师资力量、地理位置和教学资源方面的独特优势，

第三章　学前教育专业实践教学体系构建与实施的保障机制

为学前教育专业学生提供了一个理想的学习和实践环境。学院附属实验幼儿园的优势如图 3-6 所示。

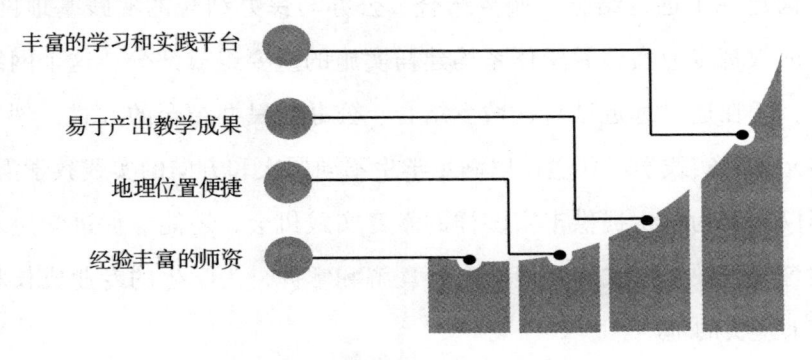

图 3-6　学院附属实验幼儿园的优势

- 丰富的学习和实践平台
- 易于产出教学成果
- 地理位置便捷
- 经验丰富的师资

学院附属实验幼儿园作为核心实践基地，拥有一支专业背景强大的师资队伍，为学生提供了高质量的实践指导和学习支持。在这样的环境下，学生能够直接接触到前沿的教育理念和教学方法，通过观摩和参与教学活动，深化对学前教育专业知识的理解和应用。学院附属实验幼儿园的地理位置通常靠近学院，这种合作便利性不仅降低了学生参与实践活动的时间和经济成本，也方便了学院教师与实验幼儿园教师之间的沟通和协作，从而促进了教学资源的共享和教育研究的深入开展。

学院附属实验幼儿园由于与学院的紧密联系，可以作为实践教学研究和教学改革的试验场，促进教育教学方法的创新和优化。学生在此基地的实践学习不仅可以获得即时的反馈和改进建议，还有机会参与到教育项目和研究中，增强实践经验和科研能力。学院附属实验幼儿园作为实践教学融合与协作的核心，为学前教育专业学生提供了一个丰富的学习和实践平台。通过与实验幼儿园的紧密合作，学院能够根据教育实践的需要不断调整教学计划和内容，确保实践教学的针对性和有效性，从而全面提升学生的专业能力和综合素质。

（二）构建实践基地网络

构建一个远近结合、城乡结合、公办与民办结合的实践基地网络，是学前教育专业实践教学体系构建与实施的重要组成部分。这个网络的建立，旨在通过远近结合、城乡结合、公办与民办结合的方式，创造一个多元化的实践学习环境，以满足学生不同层次和方向的实践教学需求。这不仅能够为学生提供丰富多样的教育实践机会，还能够促进学生对学前教育多种教育模式和环境的全面理解和掌握，为学生的专业成长和发展打下坚实的基础。

远近结合的实践基地网络设计，可以让学生不仅接触到多样化的教育环境，还能在实践深度和广度上获得丰富的学习体验。通过在不同地区设立实践基地，学生能够亲身体验到不同区域教育环境的特点和挑战，从而拓宽他们的教育视野，增强适应不同教育环境的能力。城乡结合的实践基地网络，则强调了在城市和农村地区均设立实践基地的重要性。这种布局不仅使学生能够了解和比较城市与乡村教育的差异，还能够促进学生对学前教育在不同社会和经济背景下的应用有更深入的理解。通过这种多样化的实践经历，学生能够更全面地掌握学前教育的核心理念和方法，更好地满足社会的多元化需求。

公办与民办结合的实践基地网络，通过包含不同性质的幼儿园和教育机构，为学生提供了广泛的教育实践平台。这种多元化的实践基地布局，能够让学生接触到公办教育和民办教育在运营模式、教育理念、教育资源等方面的差异，促进学生对学前教育多种模式的深入理解和综合应用能力的培养。另外，使既有岗位需求又有指导能力的基地逐步稳定下来，对双方都有利。对需求不急迫、没有指导能力的基地进行调整，

第三章　学前教育专业实践教学体系构建与实施的保障机制

既要照顾到面又要重点照顾地双向促进①。

（三）开展实践教学多元服务活动

实施多元化的实践教学服务活动，能有效加强学院与实践基地的紧密合作，同时显著提高学生的实践操作能力和专业水平。通过签订合作协议书与实践基地以及地方教育管理部门建立紧密的合作伙伴关系，学院不仅可以保障实践教学基地的稳定供给，还能确保所提供的实践教学质量达到预期标准。这种合作模式不仅为学生提供了丰富的实践机会，还为他们接触和解决实际工作中遇到的问题提供了平台，从而在提升其实践技能的同时，增强了其解决问题和应对复杂情况的能力。这种紧密的合作关系也促进了教育资源的共享和优化配置，为学生提供了更加广阔的学习视野和更多样化的学习资源，从而全面提升教育教学效果和学生的综合素质。

通过联合实践基地开展园长论坛、教师与师范生教育活动等，可以为师范生提供一个学习交流和专业发展的平台。这些活动不仅促进了实践基地之间的交流与合作，还为学前教育专业学生提供了与实践教学密切相关的学习机会。在园长论坛中，师范生可以听取来自不同背景园长的经验分享，了解幼儿园管理和教育创新的最新趋势。组织与实施教师与师范生的教育活动，如教学法工作坊、教育项目设计竞赛等，能够激发师范生的教育创意，提升其实践教学能力。这些活动通过实践操作的方式，使师范生能够将理论知识与实践技能相结合，深化对学前教育教学策略的理解和应用。另外，环境创设等竞技活动的开展，旨在培养师范生的创新思维和解决问题的能力。通过这些活动，师范生有机会设计

---

① 张钡.学前教育专业产学研合作教育模式的实践与研究[J].文教资料，2017（14）：104-105.

和实现具有创意的教育环境，这不仅能够提高其专业技能，还能够促进其对幼儿园环境创设重要性的认识。

二、学生实践支持服务

在学前教育专业实践教学体系的构建与实施中，为学生提供全面的实践支持服务是确保教学质量和促进学生专业成长的重要环节。实践支持服务主要包括个性化实践学习计划的指导和实习机会的匹配与跟踪支持等，这些服务旨在为学生创造一个支持性的学习环境，促进学生在实践中的专业成长和技能发展，为其未来的职业生涯奠定坚实的基础。这些实践支持服务不仅增强了学生的实践经验，还提高了教育质量和学生满意度，是学前教育专业实践教学体系成功实施的关键要素。

（一）个性化实践学习计划

实施个性化实践学习计划是针对学生实践支持服务的一项核心内容，旨在通过精准识别和响应每位学生的独特学习需求、职业兴趣和个人优势，为其量身定制实践学习路径。个性化实践学习计划的制订，体现了教育机构对学生全面发展和个性化成长的重视，确保每位学生都能够在实践活动中实现自我提升和职业技能的增长。

个性化实践学习计划的设计，不仅要设定明确的实习目标和内容，还需要选择合适的实习方法和评估标准，同时兼顾学生的个人发展路径和未来职业规划。这要求教育机构对学生进行全面的了解和评估，包括学生的学习动机、兴趣偏好、能力水平以及职业发展目标等多个维度，以确保实践计划的个性化和目标导向性。为了保证个性化实践学习计划的有效实施，教师与学生之间的密切沟通至关重要。这种沟通机制不仅有助于教师准确掌握学生的实际需求和期望，也使学生能够积极参与到实践学习计划的设计和调整过程中，实现教师指导与学生自主的有效结合。通过定期的反馈和评估，教育机构可以及时调整和优化实践学习计划，以适应学生学习需求和实践环境的变化，确保实践教学活动的针对性和有效性。

（二）实习机会的匹配与跟踪支持

为了实现实习机会的匹配与跟踪支持这一目标，高等教育机构需与一系列实践基地建立稳定的合作关系，从而为学生提供一个广泛而多样化的实习平台。这些平台不仅包括学院附属实验幼儿园，还涵盖地方优质幼儿园以及其他教育相关机构，确保学生能够接触到多种教育环境，从而丰富其实践经验。

通过建立一个精确的匹配机制，教育机构能够根据学生的个性化实践学习计划、专业能力、职业兴趣以及个人发展目标，将学生分配到最适合他们的实习岗位。这种个性化匹配不仅可以提高学生的实习满意度，还能够增强实习的针对性和有效性，使学生能够在实习中获得最具价值的学习体验。跟踪支持服务在实习过程中同样不可或缺。这项服务包括但不限于定期的实习访谈、问题解决会议以及职业发展指导，旨在为学生提供持续的支持和指导。通过这种定期的沟通和反馈机制，教育机构能够及时了解学生在实习过程中遇到的问题和挑战，协助学生寻找解决方案，从而确保学生能够在实习中持续成长和发展。此外，跟踪支持还帮助学生反思实习经历，将实习中的学习成果与职业规划相结合，为其未来的职业生涯做好准备。

三、建立实践教学信息化服务系统

对于学前教育专业而言，建立实践教学信息化服务系统是实现教学现代化、提升教学质量的关键措施。这一系统旨在通过信息技术手段，优化实践教学的管理与执行过程，为学生、教师以及实践基地提供全方位的支持服务。

（一）提高实践教学信息的公开化与学生参与的便捷性

在当前的教育环境下，信息技术的应用为实践教学提供了新的可能性，尤其是在提高教学信息的公开性和学生参与的便捷性方面。建立实践教学信息化服务系统，旨在通过实践教学管理流程的数字化改造，实现教学计划、实习安排和学习资源等信息的集中管理与公开透明化，从而优化学前教育专业的实践教学模式。将所有实践教学相关的信息数字化并集中管理，如教学大纲、课程内容、实习岗位信息以及相关学习材料等，确保这些信息能够通过在线平台快速、准确地传达给所有相关方。这样的信息管理方式不仅提高了教学信息的透明度，也为教学管理带来了高效性。

通过在线平台公开透明化展示实践教学信息，学生可以随时随地访问这些信息，极大提高了学生获取实践教学资源的便捷性。学生能够及时了解到最新的实习机会、教学动态和资源更新，有效地规划自己的学习和实习活动。此外，在线平台还支持学生提交实习报告和学习成果，为教师提供了便利的教学反馈和评估渠道，促进了师生之间的互动和沟通。提高实践教学信息的公开化与学生参与的便捷性，不仅增强了学生对实践教学活动的参与度，也促进了学生的自主学习和职业技能的发展。学生能够根据个人兴趣和职业规划，主动选择适合自己的实习机会和学习资源，这种主动性和针对性的学习方式对于学生的个性化成长和专业技能提升具有重要意义。

（二）打造信息化交流平台

在构建学前教育专业实践教学信息化服务系统的过程中，打造一个信息化交流平台作为系统的互动交流模块，旨在搭建一个便捷高效的在线交流空间，促进师生及学生之间的实时沟通和知识共享，从而增强教学互动性。

第三章　学前教育专业实践教学体系构建与实施的保障机制

信息化交流平台提供了一个在线空间，使学生和教师能够无障碍地交流实践经验和讨论学习问题。在这个平台上，教师可以分享实践教学的最新动态和重要信息，学生也可以发布自己在实践学习中遇到的问题或心得体会，实现信息的双向流动和即时反馈。这种互动交流不仅缩短了师生之间的信息传递距离，还加深了学生对实践知识的理解和应用。该平台还为学生提供了一个分享实践心得和相互学习的机会。通过查看同学的实践体验分享，学生可以从中获取灵感，激发自己对学前教育领域的兴趣和热情。通过对比和讨论，学生能够从不同视角审视和思考问题，促进了学习的深度和广度。这种基于社群的学习方式，有助于构建积极的学习氛围，促进学生之间的合作和知识共建。

教师通过信息化交流平台的在线辅导和答疑，能够实现更加灵活和高效的教学互动。这种方式不仅能够即时响应学生的学习需求，还可以根据每位学生的学习状况和进度，提供量身定做的辅导方案。在线答疑环节允许学生随时提出学习中遇到的问题，无论是知识点的理解、实践技能的应用还是学习方法的选择，教师都能给予针对性的解答和指导，这不仅有效消除了学生的学习障碍，也极大提升了学生的学习动力和自信心。此外，这种互动模式增加了教学的透明度，学生的学习过程和成果都能得到更好的记录和反馈，为后续的教学提供了重要的参考依据，从而确保教育质量的持续提升和优化。通过这样的在线教学模式，教育教学的界限被进一步扩展，为学生创造了一个无时无刻不在学习、随时随地都能解决问题的学习环境，极大地提高了学习效率和教学质量。

（三）信息互联服务

在学前教育专业实践教学信息化服务系统的构建过程中，实现学校与外部实践基地之间的信息互联服务是一个关键步骤。这项服务通过建立校外实践基地数据库，促进了学校与实践基地之间的信息共享与协作，为学前教育专业的实践教学提供了强有力的支持。信息互联服务的实施，基于建立一个全面、更新及时的校外实践基地数据库。该数据库详细记录了各实践基地的基本信息、实习岗位、合作条件等内容，为学校和学生提供了一个明确、便捷的实习基地选择参考。通过这种信息化手段，学生可以根据个人的实习需求和职业规划，快速找到合适的实习位置，从而提高了实习匹配的效率和满意度。

　　信息互联服务不仅便利了学生的实习选择，也为学校与实践基地之间的沟通与协作打下了坚实的基础。通过数据库中的信息共享，学校可以及时掌握各实践基地的需求变化和反馈信息，进一步优化与实践基地的合作模式和实习安排。实践基地也能通过这个平台了解到学校的教育教学需求和学生的实习表现，为双方的深度合作提供数据支撑。信息互联服务通过促进学校与实践基地之间的深度合作，共同为学生提供了更广泛、更高质量的实习机会，有助于学生在实际工作环境中应用所学知识，增强职业技能。这种合作模式不仅扩大了学生的实习选择范围，还为培养符合社会需求的高素质学前教育专业人才提供了有效保障。

第四章　基于 OBE 理念的实践教学体系构建与实施策略

第一节　课程体系的优化

一、明确实践课程的培养目标

（一）建立与社会要求相对应的实践课程目标

在学前教育专业课程体系优化过程中，确立与社会需求相对应的实践课程目标是基础且关键的一步。这一策略的核心在于通过精确分析当前社会对学前教育专业人才的具体要求，将这些要求转化为具体、明确的实践课程培养目标，从而确保实践教学内容与社会发展趋势和行业需求保持同步，进而为学生提供具有实际意义和应用价值的学习体验。

确立实践课程目标需要教育机构对学前教育行业的发展趋势、幼儿教育机构的实际需求以及社会对幼儿教育质量的期望进行全面而深入的分析。这包括了解最新的教育政策导向、行业内部对教师专业能力的要求变化，以及家长和社会对幼儿教育内容和方式的期待。通过这种分析，教育机构可以捕捉到学前教育专业人才培养中的关键能力点和知识领域，为实践课程的目标设定提供依据。基于对社会要求的分析，为实践课程设定具体、明确的培养目标。这些目标不仅要覆盖学前教育专业的核心能力，如教育理念的传授、教学技能的培养、幼儿心理发展的理解与支持等，还要考虑到新兴的教育技术应用、跨文化教育理解等方面的能力培养。实践课程的培养目标应与学前教育专业的毕业要求紧密相连，确保每一门课程都能够对学生的综合能力培养作出积极贡献。

第四章 基于 OBE 理念的实践教学体系构建与实施策略

（二）适时修订课程目标

适时修订实践课程的培养目标是确保教学内容既具有现实性也具备前瞻性的重要措施。随着社会的快速发展、行业需求的变化以及教育政策的更新，学前教育专业的课程体系需要不断适应这些变化，以培养能够满足未来社会需求的幼儿教育人才。

定期修订课程目标要求教育机构建立一个持续的行业动态监测和教育政策分析机制。这一机制应涵盖对最新教育研究成果的追踪、对幼儿园实际需求的调查以及对国内外教育趋势的分析等方面。通过这种机制，教育机构能够及时掌握学前教育领域的最新发展，从而为课程目标的修订提供科学依据。课程目标的修订过程需要广泛吸纳来自教师、行业专家、学生以及社会各界的反馈和建议。这种广泛的参与不仅可以增加课程目标修订的透明度和公信力，还能够确保修订后的课程目标全面反映行业需求和教育发展的最新趋势。此外，通过定期邀请行业专家参与课程评审和提出建议，可以确保课程目标的专业性和实用性。

课程目标的修订还应当注重其实施策略的更新。随着新的培养目标的确立，相应的教学内容、教学方法以及评价方式等也需要进行相应的调整。这要求教育机构不仅要注重课程目标的修订，还要关注修订后目标的具体实施，包括教师培训、教学资源更新以及教学方法的创新等，以确保新的课程目标能够有效落实，真正地指导和促进学生能力的发展。

二、规划更新实践课程内容，贴近幼儿园实际需求

（一）以实践能力为导向，系统设计实践课程内容

这一策略的实施，旨在通过深入分析岗位能力需求，精确匹配课程内容和实践环节，确保学生的专业能力系统性和递进性得到发展和提升。

通过对课程内容的精准规划和递进式实践任务的设计，以及将理论学习与实际操作紧密结合的教学模式，能够有效提升学生的专业能力，培养出符合社会需求的高素质学前教育专业人才。

1. 岗位能力是课程内容的设计基础

课程内容的设计以岗位能力为基础，这意味着每一项课程和实践环节的设计都应紧密围绕幼儿园教师的核心职能和专业能力展开。这要求高校紧跟经济与社会的发展脉络，对课程内容进行及时的更新和优化，以确保课程体系的时代性和前瞻性。通过这种方法，教育机构能够培养出具备所需专业技能和适应未来教育挑战能力的幼儿园教师，满足社会对高质量教育人才的持续需求，如图4-1所示。

（a）课堂实践活动任务　　　（b）课堂成果展示

图4-1　学前教育专业课程内容与实践紧密结合

2. 层次化的任务安排

通过精心设计的"递进式"见习任务，教学目标和学期要求被有效融合，并为学生提供了明确的职业发展方向。这种层次化的任务安排确保学生能够在学习过程中逐渐接受更高层次的专业训练，从基本的实地观察到参与实际的教学操作，再进一步涉足深入的教育理论研究。此方法旨在促进学生逐步提升，将理论知识与实际技能相结合，最终达到高度综合的职业能力。通过这种方式，学生不仅能够在不同阶段感受到成就感，还能够根据个人兴趣和职业规划，有意识地选择适合自己的学习路径和研究领域，有效地准备自己未来在学前教育领域的职业生涯。学前教育专业第二课堂——手工制作如图 4-2 所示。

（a）折扇　　　　　　　　　　（b）胡萝卜

图 4-2　学前教育专业第二课堂——手工制作

3. 毕业实习和毕业论文写作的紧密相连

通过将毕业实习和毕业论文写作紧密相连，学生在实习期间进行的实地调研成为获取第一手数据的有效手段，这不仅丰富了毕业论文的实证内容，也全方位提升了学生的专业实践能力。这一策略激励学生积极投身实践活动，深入挖掘和分析学前教育领域内的实际问题，从而增强其科研素养和创新思维。学生通过这种方式能够在真实的教育环境中测试和验证理论知识，实践调研的经历也为他们提供了批判性思考和问题解决能力的培养机会。紧密结合实习和论文撰写的教育模式鼓励学生从实际出发，以研究的眼光观察和分析教育现象，增强了学生的科研能力和创新意识，为他们未来在学前教育领域的职业生涯打下坚实的基础。

4. 重视学生的第二课堂活动

通过精心的统筹与规划学生的第二课堂活动，包括各类竞赛和社团活动的举办，不仅为学生的校园生活增添了丰富多彩的文化氛围，也开辟了实践学习与技能发展的新途径。这些多样化的活动，利用竞争和合作的动力，促进了学生在实际操作中的学习与成长，明确了培养实践型、应用型人才的教育目标。

通过参与这些活动，学生能够在实际的项目操作中锻炼和展示自己的专业技能，进而显著提升其专业素养和实践能力。第二课堂活动提供了一个展示创新思维和团队合作能力的平台，为学生未来的职业发展奠定了坚实的基础，同时激发了他们对专业学习的热情和兴趣。

（二）紧密结合幼儿园实际工作需求

紧密结合幼儿园实际工作需求是提升教育质量和培养高质量教育人才的关键。这要求教育机构不仅需要对教学内容进行持续的优化和刷新，以确保其与最新的教育理念、教学方法和幼儿心理发展研究保持一致，还需要建立和维护与国内外学前教育研究机构和实践机构的密切联系，以便及时引入创新的教育理论和教学模型。更新和优化课程内容以反映最新的教育理念和教学方法，是确保学前教育专业教学质量的基础。这包括将新的教育研究成果、成功的教学实践案例以及前沿的教育技术融入教学大纲和课程资源中。例如，融入关于儿童早期发展、游戏式学习、情感与社会技能培养等领域的最新研究成果，可以确保学生学习到先进的教育知识和技能。

保持与国内外学前教育研究机构和实践机构的密切联系，对于引入创新的教育理论和教学模型至关重要。通过参与国际学术交流、合作研究项目以及定期访问先进的教育实践机构，教育机构能够及时获取学前教育领域的最新动态和创新成果，为学生提供接触和学习国际先进教育理念和实践的机会。

（三）增设实践案例分析内容

在学前教育专业的课程体系优化过程中，增设实践案例分析内容是

第四章 基于 OBE 理念的实践教学体系构建与实施策略

一项重要的教学策略,旨在通过引入和分析来自现实幼儿园工作的案例,加强学生对于理论知识的实际应用能力,从而更好地为未来的职场环境做准备。这种教学方法不仅可以使学生在课堂环境中直面实际问题,提升其分析问题和解决问题的能力,也为其提供了一个提前适应未来职业生涯的机会。

1. 实践案例的收集整理

实践案例分析内容的引入,要求高校与幼儿园等实践基地之间建立紧密合作关系,通过这种合作,高校能够收集到一系列涵盖幼儿园日常管理、教育教学、幼儿发展观察、家园互动等多方面的真实案例。这些案例的引入不仅丰富了教学内容,更为学生提供了一个理解和分析实际教育场景的平台,从而在理论与实践的结合上迈出了重要一步。学前儿童区域活动场景如图 4-3 所示。

(a)建构游戏 　　　　(b)角色游戏

图 4-3　学前儿童区域活动场景

与幼儿园等实践基地建立紧密的合作关系,意味着高校需要在长期合作的基础上,建立稳定且互惠的交流机制。这种机制不仅便于高校获取实践基地的最新发展动态和教育实践的真实案例,也促进了双方在教育资源、教学研究等方面的共享和合作。通过这种合作,高校能够及时更新和优化课程内容,确保其紧贴学前教育领域的最新趋势和挑战。引

入的实践案例需要全面覆盖幼儿园工作的各个方面，这不仅要求高校在案例收集时注重广度，也要注重案例的深度和实用性。这些案例不仅要反映出学前教育领域面临的普遍挑战和问题，还应包含具体的解决策略和取得的成效，以便于学生能够通过案例分析，深入理解学前教育实践中的复杂性和多样性。这种深入的理解有助于学生在将来的职业生涯中，能够灵活应对各种教育场景，提出创新且有效的解决方案。

实践案例分析的成功引入，还要求高校在课程设计中充分考虑如何有效利用这些案例。这包括设计具有互动性的案例讨论环节、模拟教学活动，以及案例研究报告等。通过这些设计，学生不仅能够在课堂上接触并分析实际问题，更能够在模拟和实践中提升自己的专业技能和问题解决能力。

2. 实践案例的应用

实践案例分析在课程中的设计和安排应具有系统性和针对性，这不仅能够促进学生对所学理论知识的深化理解，还能够显著提高他们的实践应用能力。课程中专门设置的案例分析环节应当以教育理论和方法为基础，引导学生进行深入的案例分析。这一过程中，学生需识别案例中所呈现问题的本质，并探讨可能的解决策略。此环节的设计需确保案例的多样性和复杂性，覆盖幼儿园管理、教学策略、幼儿心理发展等不同方面，以保证学生能够从多角度理解和分析学前教育中的实际问题。通过组织小组讨论、角色扮演、模拟教学等活动形式，学生能够在合作与交流的过程中加深对案例的理解和分析。这些活动不仅能够增强学生的团队协作能力，还能够促进他们从同伴身上学习，拓宽自身的视野和认知。

小组讨论促使学生就案例中的问题和可能的解决方案展开深入讨论，通过集体智慧找到更加合理的答案。角色扮演和模拟教学则让学生置身假定的教育场景中,从实践的角度体验和解决问题,这种模拟实践活动能够显著提升学生的实际操作能力和应急处理能力。通过引导学生对案例中的传统观念和常规做法进行质疑,激励他们提出创新的观点和解决策略,不仅能够增强学生的问题解决能力,还能够培养他们的创新意识和批判性思维能力。

3. 实践案例分析的深化和拓展

实践案例分析的深化和拓展是教学内容刷新与创新的重要方向。特别是在引导学生深入挖掘案例背后的深层次问题,并鼓励他们提出创新解决策略或教学方法的过程中,展现了教育的复杂性和多维性。深化案例分析的过程要求教师不仅传授知识,更重要的是发挥引导作用,激发学生的探究兴趣和主动性。教师应鼓励学生超越案例表面的描述,探究问题的根源,理解问题的多方面影响因素和内在逻辑。这一过程中,教师可以通过提问、讨论、辩论等形式,引导学生进行深入思考和分析,帮助学生构建问题的多维视角,提高他们的分析和判断能力。教师应创造一个开放、包容的学习环境,鼓励学生自由发表意见,勇于尝试新的想法。教师可以将最新的教育理念、技术和方法引入课堂,激发学生的创新思维,促使他们在传统教育模式的基础上进行创新和改进。通过案例分析,学生不仅能够学习到如何解决特定问题,更重要的是学会如何在不同的教育情境中灵活运用和调整这些策略和方法。

实践案例分析还要求学生能够将理论知识与实践应用有效结合。教师需要指导学生将课堂学到的理论知识应用到案例分析中,从而加深对理论的理解和掌握。通过对案例的分析和讨论,学生能够获得宝贵的实践经验,这对于他们将来进入职场、面对实际教育问题时具有重要意义。

三、统筹整合实践课程实施环节

统筹整合实践课程,就是将学前教育专业发展全程中的所有实践环节作为一个整体系统定位、统筹安排。与传统的实践课程相比，统筹整合实践课程可以为学生提供更长时间、更多形式和更系统的实习实践机会。

（一）全过程延伸实践时间

全过程延伸实践时间的策略旨在将学生的教育见习与实习活动从传统的集中安排在学习周期末期，转变为贯穿整个学习生涯的持续过程。这种全新的实践教学模式，能够确保学生从入学之初就开始接触并了解幼儿园的实际工作环境和教育情境，从而实现理论学习与实践应用的无缝对接，为学生的专业成长和能力提升打下坚实基础，如图4-4所示。

（a）学生实习图片 　　　　　（b）学生实习图片

图4-4　学前教育专业学生实习图片

1. 全过程延伸实践时间策略的实施要求

全过程延伸实践时间策略的成功实施，依赖高等教育机构与幼儿园等教育实践基地之间建立的紧密且持续的合作关系。这种深度合作模式超越了提供传统实习机会的范畴，涵盖了多样化的见习和参与项目，如短期观摩、教学助理、参与教研活动等，确保学生可以在其学习生涯的不同阶段和层次深入参与幼儿园的实际工作。

与教育实践基地的紧密合作为学生提供了从观察到参与，再到研究的全方位实践机会。这种合作不仅需要两者之间有着明确的协议和共同

第四章　基于 OBE 理念的实践教学体系构建与实施策略

的目标，还需对学生教育需求和职业发展有着深刻的理解。例如，通过短期观摩，学生可以在入学初期就开始了解幼儿园的日常运作和教育环境，这种早期的实践接触有助于学生尽早确定自己的学习方向和职业规划。多样化的见习和参与项目使学生可以根据自己的兴趣和能力在不同层次上参与到幼儿园的实际工作中。这种个性化的实践路径不仅提高了学生的学习动力和参与度，还促进了他们专业技能和综合素养的全面发展。例如，学生作为教学助理，不仅能够在指导教师的监督下亲身体验教学活动，还可以参与课程设计、教学反思等教研活动，这些经历对于提高其教育实践能力具有重要意义。

2. 学生在校学习生涯全过程的实践课程贯通

将实践课程贯通到在校学习生涯的全过程，意味着高校需要在课程规划和教学安排上进行全面的优化和调整。课程规划的优化必须从课程设计的初期就开始，确立理论教学与实践教学相结合的教学目标。这意味着，教育机构需要对传统的课程体系进行彻底的审视和重构，确保每门课程都能够在提供必要的理论基础的同时，引导学生将所学理论知识应用于实际教育场景中。此外，课程内容的设计还应体现出对学生实践能力培养的重视，通过引入案例研究、项目驱动教学、模拟教学等教学方法，使学生能够在理论学习的过程中不断积累实践经验。教学安排上的优化要求教育机构根据学生的学习进度和实践能力的不同阶段，灵活安排适宜的实践活动。这种分阶段、个性化的实践活动安排，能够确保学生在从基础知识的学习到深入研究的过程中，逐步提升自己的实践技能。例如，在学生学习基础理论知识的初期，可以安排一些观摩和参观活动，让学生对幼儿园的工作环境和教育模式有一个直观的了解；随着学习的深入，可以增加更多的参与和实操机会，如教学设计、课堂教学实践等，使学生能够在实际操作中不断探索和实践所学知识。

（二）全环节浸透实践理念

全环节浸透的实践理念的核心在于打破实践与理论、技能与知识之间的界限，通过将实践理念融入课程体系的每一个环节，促进学生的全面发展和综合能力的提升。这种全面浸透的实践理念不仅适用于实践教学课程，而且延伸到技能课程、文化课程等所有教学活动中，实现知行合一、理论与实践的深度融合。

全环节浸透实践理念要求教育机构在课程设计和教学内容的规划上进行全面的优化和调整，确保除了实践类课程，技能类和文化类课程同样紧密结合实际教育场景和实践。通过多样化的教学方法实现理论与实践的有机融合。全环节浸透实践理念的实施要求高校对现有课程体系进行深度反思和综合评估。课程设计初期就需明确理论知识与实践技能相结合的目标，确保每一门课程的设置都能够反映出这一理念。这不仅包括传统的教学实践课程，如学前教育教学法、幼儿园管理等，也涵盖了技能课程和文化课程，如幼儿音乐、幼儿美术等。这种课程设计理念要求课程内容不仅要有理论深度，还要具备实践的广度和灵活性，以适应学前教育领域不断变化的需求。

（三）全方位拓展实践课程实施方式

全方位拓展实践方式旨在通过多样化的实践场所和方式，为师范生提供更为丰富和全面的实践学习机会。传统的教育实践活动通常局限于少数几所合作幼儿园内，而优化后的实践课程模式突破了这一局限，将学校内的实验室、美工室、琴房、舞蹈房、机房等多功能空间纳入实习实践的范畴，极大地拓宽了实践教学的空间和内容，为师范生提供了全方位的实践学习体验。

第四章 基于 OBE 理念的实践教学体系构建与实施策略

1. 学校内部资源的充分挖掘和整合

全方位拓展实践课程实施方式要求高校对学校内部资源进行充分的挖掘和整合，为学生提供更广阔、多元化的实践学习环境。这种策略的核心在于将校内的多功能教室和设施转化为丰富多样的实践场所，使学生能够在不同的环境中探索、体验和学习学前教育的各个方面，从而全面提升他们的专业知识、创新能力和实践技能。

全方位拓展实践方式的实施，需要高校对现有的校内资源进行系统性的评估和整合。通过对学校现有的物理空间和教学设施的充分利用，如美工室、琴房、舞蹈教室、多媒体室等，教育机构可以创造出多样化的教学和实践环境。例如，美工室可以成为学生探索幼儿美术教育方法的实验室，琴房和舞蹈教室则可以作为音乐和体育教育的实践场所，这样的安排不仅丰富了学生的学习内容，也拓宽了他们的实践视野。这种多场所、多方式的实践活动设计，鼓励学生从不同的角度和维度去理解和掌握学前教育的知识。通过在实际的教育环境中应用所学理论，学生能够更深入地理解教育理念和教学方法，同时在解决实际问题的过程中提升自己的创新思维和问题解决能力。例如，学生可以在美工室中通过实际操作探索幼儿绘画教学的最佳方法，或在琴房中实践不同的音乐教学技巧，这些活动不仅有助于学生深化对专业知识的理解，还能激发他们的创造力和探索精神。

全方位拓展实践方式还要求教师灵活地设计和指导实践活动。教师在这一过程中扮演着至关重要的角色，他们需要根据学生的学习需求和实践能力，设计出符合学生发展阶段的实践项目，并提供专业的指导和支持。这种教师的积极参与和指导，既可以确保学生在实践活动中获得有效的学习成果，也能及时调整和优化实践教学的策略和内容。

2. 外部资源合作关系的建立

全方位拓展实践课程实施方式还需要教育机构与社区、文化机构、艺术团体等外部资源建立合作关系。通过多样化的社会实践活动，拓宽学生的实践学习平台，从而促进其全面发展。这一过程不仅能够帮助学生深入理解多元文化背景下的教育实践，还能够激发他们的社会责任感和服务意识，为其未来的教育职业生涯奠定坚实的基础。

建立与外部资源的合作关系要求教育机构积极开拓视野，识别和利用社会中的教育资源。通过与社区中心、文化机构、艺术团体等进行战略合作，教育机构可以为学生提供参与社区教育项目、文化交流活动、艺术创作和表演等多种实践学习机会。这种合作模式不仅能够提供实践场所和资源，还能够为学生带来真实的社会实践经验，使他们可以在实际的教育环境中应用所学知识和技能。通过组织学生参与社会实践活动，学生能够在更广阔的社会环境中学习和成长。例如，参与社区教育项目可以使学生深入了解社区的教育需求和挑战，通过实际参与项目的规划和实施，学生能够运用所学理论和方法，为社区教育问题提供解决方案。此外，通过文化交流活动和艺术创作，学生可以直接接触和体验不同的文化背景和艺术形式，从而拓宽视野，增强跨文化交流和理解的能力。

这种全方位的实践学习方式不仅有助于学生掌握专业知识和技能，更重要的是，能够激发学生的社会责任感和服务意识。通过参与社会服务项目和文化艺术活动，学生能够直观感受到教育的社会价值和文化意义，从而增强其承担社会责任和贡献社会的意识。这种实践经验对于培养学生成为具有全球视野和社会责任感的教育工作者具有重要意义。

第二节 实践教学体系的重塑

一、OBE 理念指导下,做好理论教学与实践教学的衔接和联系

在 OBE 理念及学生保教实践能力获得的目标导向下,实践教学的重要性日益凸显。学前教育专业需要重新审视理论教学与实践教学的关系,确保两者能够相互促进,共同提升学生的专业能力和保教实践技能。

(一)理论与实践并行

在 OBE 理念影响下,理论教学与实践教学的有效衔接显得尤为关键,尤其是在学前教育专业中,这种衔接不仅影响教育质量,更直接关系到学生将来的职业能力。传统的教育模式往往强调理论的先行,将实践教学安排在理论学习之后,这种模式可能导致实践教学仅仅成为理论教学的补充,限制了学生探索和创新的空间。而 OBE 理念强调教育成果和学生能力的培养,因此理论教学与实践教学的并行运行成为实现教学目标的有效路径。课堂上学生的手工制作如图 4-5 所示。

（a）盆栽编织　　　　　　　　（b）烤串制作

图 4-5　课堂上学生的手工制作

1. 理论与实践并行教学模式的要求

理论与实践并行的教学模式要求高等教育机构对传统的教学体系进行深入的反思和重新设计，以确保理论教学和实践活动能够从课程的初始阶段就同步展开，实现相互促进和增强。

实施理论与实践并行的教学模式，高等教育机构需要在教学设计阶段就明确将理论知识与实践技能的融合作为教学目标之一。这意味着，每个课程的设置和内容安排都应该围绕如何有效地将理论知识应用于实践中。例如，在学前教育专业中，当学生学习幼儿发展理论时，课程应设计包含幼儿观察和案例分析等实践活动，让学生在掌握理论的同时，通过参与具体的实践操作来深化对理论的理解。理论与实践并行的教学模式要求教师在教学过程中扮演更加积极和引导性的角色。教师不仅要传授专业知识，还需要设计和组织实践活动，引导学生将理论知识应用于实际情境中，并在实践过程中发现问题、解决问题。这种教学策略旨在鼓励学生主动探索和学习，提高他们的实践能力和创新思维。

为了有效实施理论与实践并行的教学模式，高等教育机构还需要建立一个支持系统，包括提供足够的实践资源、建立与外部实践基地的合作关系、提供专业的实践指导等。通过这些支持，学生可以在理论学习

第四章 基于 OBE 理念的实践教学体系构建与实施策略

的每个阶段都有机会参与到丰富多样的实践活动中,从而不断增强理论知识的实际应用能力。

2.教师团队之间的紧密合作与协调

在成果导向教育理念下,理论与实践并行的教学模式不仅是一种教学策略,更是一种教育理念的体现,旨在通过理论知识和实践技能的有机结合,促进学生全面发展。这种教学模式的成功实施,要求教师团队之间的紧密合作与协调,确保理论教学和实践教学的无缝对接,从而为学生提供一个连贯、一体化的学习体验。

理论与实践并行模式下的教师团队合作,要求课程设计阶段就必须跨越传统的教学领域界限,实现教师之间的交叉合作。这种合作不仅涉及理论教学与实践教学的教师,还可能包括不同专业领域内的教师。通过这样的跨领域合作,可以确保课程内容的多元性和综合性,使学生从不同角度和维度理解和应用知识。教师团队合作还要求教师之间建立有效的沟通和协调机制。这包括定期的教学团队会议、课程设计讨论、教学活动的共同策划等。通过这些机制,教师可以共享教学资源、交流教学经验、协调教学计划,确保理论教学和实践教学之间能够紧密结合,形成互补。教师之间的沟通也有利于识别和解决教学过程中可能出现的问题,保证教学质量。

(二)实践教学的具体设计

要实现理论教学与实践教学的有效衔接,就必须对实践教学的实施提出具体要求。这一过程要求教师团队不仅深入分析和讨论每门课程的实践教学目标、内容和方式,还需要确保这些实践活动与理论教学相辅相成,共同促进学生的全面发展。实现这一要求需要教育机构在实践教学设计上采取明确的策略和方法。

在实践教学目标方面，这些目标应直接反映学前教育专业的核心能力和预期学习成果，如幼儿发展理解、教育策略应用、幼儿园管理能力等。教师团队需要基于这些核心能力，确定实践教学的具体目标，包括学生通过实践活动应达到的知识、技能和态度等方面的具体要求。在实践教学内容设计方面，需要与理论教学紧密结合，确保两者之间的互动和衔接。这意味着实践教学内容不仅要围绕理论课程的主题展开，还要设计具体的实践活动，如案例分析、教学模拟、实习与项目实践等，以实现理论到实践的有效转化。通过这些活动，学生可以在真实或模拟的教育环境中应用所学理论，深化对教育理念和方法的理解，提高解决实际教育问题的能力。在实践教学方式方面，应鼓励学生主动参与和探索。除了传统的实习、实训，还可以采用服务学习、社区参与等方式，激发学生的学习动机和创新精神。实践活动的设计应允许学生在安全的环境中犯错并从中学习，鼓励他们在实践中探索新的教育理念和方法。

实践教学的具体设计还需要教育机构提供充分的资源支持，包括实践基地的开发、教学设施的完善、师资培训等。教育机构还应建立与社会、企业、幼儿园等外部资源的合作网络，拓宽学生的实践平台，为他们提供丰富多样的实践机会。

二、加强校企深度合作，实现高校与实践基地的共赢互利

高校与实践基地协同合作实践教学模式已经成为各师范类院校培养幼儿教师的必要选择。合作共赢是学前教育专业实践教学处理各种关系的基本价值取向。若高校仅期待实践基地为人才培养单向奉献，或实践基地忽略高校的培养计划而随意操作，双方均无法实现理想的合作效果。校地合作模式要求高校与实践基地平等参与，互相支持和补充，共同致力人才培养目标的实现。这种模式的成功依赖于双方对合作关系的重视和维护，确保教育质量和学生发展得到最大化的促进。

第四章 基于 OBE 理念的实践教学体系构建与实施策略

限于资金、师资等方面的匮乏,部分高校很难真正为实践基地如合作幼儿园带来实际的利益,导致高校实践教学体系无法发挥真正效用。本应"共赢互利"的校地合作实际上已演化为幼儿园单方面地为高校人才培养提供服务与支持,这并不意味着幼儿园不期望从高校那里获得支持,实际上,它更多地反映了高校在双方合作中未能充分发挥其应有的作用。为了构建一个更加均衡和互利的校地合作体系,迫切需要高校重新审视和加强其在合作中的职责。高校应积极担起责任,深入了解实践基地的具体需求和发展愿景,特别是在师资培训、课程开发和教学资源共享等方面。通过这种主动和深入的参与,高校能够为实践基地提供实质性的帮助和专业指导,帮助它们提高教学质量和教育服务能力。幼儿园等实践基地也应承诺为高校学生提供稳定和长期的实习机会,把学生的见习和实习活动纳入其日常工作规划之中,确保学生能够在实际教学环境中应用理论知识,培养实践技能。双方应共同探索创新的合作模式,如共同开展教育研究项目、教师交流计划,以及联合举办专业发展研讨会和工作坊等,这些活动不仅能够促进资源和知识的共享,还能增强教师的专业发展和提升教育质量。通过这样的深度合作,高校和实践基地可以实现资源优化配置,促进教育创新,最终达到共赢互利的目标。

在重塑实践教学体系的过程中,高校应与实践基地幼儿教师建立实践共同体,这一共同体基于共享的教学情境和教育目标,聚集了高校师生和幼儿园教师,共同参与到具体的教学实践中,旨在通过协作解决面临的教学挑战和难题。这种合作模式强调了开放和诚实的沟通,以及基于伙伴关系的互助支持,为实践教学提供了一种新的动力和视角。在这个实践共同体中,实践教学案例和经验的交流尤为重要。通过分享实际教学中的成功经验和面临的挑战,参与者能够互相学习,共同成长,有效地缓解了师资队伍在实践经验方面的不足。这种互动也激励了参与者探索更多创新的教学方法和解决方案,促进了教学质量的提升和教育创新的发展。

三、以协同育人为宗旨完善实践教学体系

在学前教育专业领域,构建一个与人才培养目标紧密相连的、多维度的"四位一体、协同育人"实践教学体系显得尤为关键。这一体系应包含高校、幼儿园(幼教机构)、政府、社会机构等多个参与方,旨在通过权责明晰、稳定协调、合作共赢的机制,共同参与到教师的培养、培训、研究和服务过程中,形成一种教育合作共同体。

第一,高校与实践基地的深度合作是这一体系构建的基础。通过签订协议书,高校与幼儿园(幼教机构)之间建立"院园深度合作实践模式",确保合作的稳定性和持续性,如图4-6所示。这种合作不仅包括学生的实习实践活动,也涵盖教师的专业发展、教育研究项目等多个方面,从而为学生提供全方位、多层次的实践学习机会。

(a)园校合作一　　　　(b)园校合作二

图4-6　高校学前教师团队到实践基地的走访调研

第二,与地方教育行政部门和社会机构的合作关系是实现区域共享实践资源的关键。通过这些外部合作,高校能够获取更广泛的实践资源,如专业培训、教学研究、社会服务等,这些资源的共享不仅有利于提高学生的实践能力,也有助于教育合作共同体的成员单位相互学习、共同提升。

第三，完善实践教学体系还需要制定和落实相关的管理制度。这包括实践教学的规划、实施、评估等各个环节的管理规范，确保实践活动的有效性和教育质量的稳定性。管理制度应涵盖合作方之间的权责分配、利益协调等内容，保证合作关系的公平性和合理性。

第四，构建以协同育人为宗旨的实践教学体系，要求所有参与方共同努力，形成一个由内而外、由小到大、由浅入深的教育合作共同体。在这一体系中，每个成员都能在教育合作中发挥其独特作用，共同推进教师培养、培训、研究和服务的一体化发展。通过这种协同育人的实践教学体系，可以更好地实现教育目标，提升教育质量，最终促进学前教育领域的持续发展和进步。

四、实践教学体系与大学生创新创业实践有机融合

实践教学体系与大学生创新创业实践的有效融合旨在通过创设多样化的实践平台，为学生提供丰富的实践机会和创新创业的支持，学前教育专业的实践教学体系将更加完善，能够有效地培养学生的创新思维和创业能力，为社会培养出更多高水平的创新人才。中华人民共和国教育部实施的大学生创新创业训练计划为这一目标提供了政策和资金支持，促进了大学生在解决实际问题和开展创新创业活动中能力的提升。

第一，随着社会对创新型人才的需求日益增加，将实践教学体系与大学生创新创业实践有效融合成为教育改革的重要方向。这种融合不仅拓宽了学生的学习视野，也为他们提供了丰富的实践机会，促进了综合能力的全面提升。

学前教育专业实践教学体系的整合需要从课堂学习、见习、领域专业实践和实习等多个维度出发，构建一个全面、多层次的实践教学框架。这一框架旨在通过理论与实践的紧密结合，为学生提供一个连贯、系统的学习过程，使他们在不同的实践环境中深化理论知识的理解和应用。

大学生创新创业实践的引入，为学前教育专业学生提供了一个展现个人创新能力和创业潜力的平台。通过参与主管部门和学校组织的创新创业项目，学生不仅能够将所学知识应用于实际问题的解决中，还能在实践中探索新的知识领域，发现创业机会。这一过程不仅需要学生的积极参与，也需要教师的有效指导和支持。教师的角色从知识的传递者转变为学生创新创业活动的引导者和辅导者，为学生提供专业的指导，帮助他们识别和把握创新创业中的关键问题和机遇。

为了更好地实现实践教学体系与大学生创新创业实践的有机融合，学前教育专业还应建立起一套完善的管理和支持体系。这包括建立创新创业项目库，为学生提供项目申报的指导和咨询服务；设立创新创业基金，支持学生的创新实践活动；开设创新创业相关课程，增强学生的创新意识和创业技能。通过这些措施，可以有效地激发学生的创新热情，提升他们的创新创业能力，为未来的职业发展奠定坚实的基础。

第二，为了更好地融合实践教学体系与大学生创新创业实践，相关院系应利用学前教育专业的独特优势和社会服务能力，探索与早教机构的合作模式，共同推进专业服务实践活动的发展。这种合作不仅能够为学生提供丰富的实践机会，而且能够促进学生专业技能和社会服务能力的全面提升，进而激发他们的创新精神和创业潜能。

依托学前教育专业的特点，组建学前创新创业中心是促进学生创新创业能力发展的有效途径。这个中心可以作为学生实践学习、创新研究和创业项目开展的平台，为其提供必要的资源和支持。通过组织系列活动如幼儿玩教具制作、绘画指导等，学前创新创业中心不仅为学生提供了实践的场所，也为他们提供了将理论知识应用于实际问题解决的机会，这在培养学生的创新思维和实践能力方面起到了关键作用。与幼儿教育机构的合作，能够拓展学前教育专业学生的实践领域，为他们提供更为广阔的实践平台。通过合作开展专业服务实践活动，学生不仅能够将所

第四章 基于OBE理念的实践教学体系构建与实施策略

学的专业知识和技能运用到实际工作中,还能在解决实际问题的过程中进一步深化理解,提升自己的专业水平。此外,这种合作模式还能够促进学生社会服务能力的培养。通过为社区和家庭提供高质量的早教服务,学生能够增强社会责任感和使命感,为其未来的教育工作和社会服务打下坚实的基础。

学生参与创新创业项目的过程,是其能力提升和个人成长的重要途径。通过积极申报和参与主管部门和学校组织的相关创新创业项目,学生能够在实际操作中遇到并解决问题,从而提升其问题解决能力和创新创业能力。教师的指导和支持在这一过程中发挥着至关重要的作用,他们不仅提供专业知识的指导,还为学生的创新思路和创业计划提供建议,帮助学生克服困难,引导他们顺利完成项目。

第三,在学前教育专业中,学生的实践经验不仅限于学校的实习和项目参与,还应拓展到校外的社会实践活动中,尤其是通过公益服务项目来锻炼和提升自己的能力。利用节假日、寒暑假等时间,学前教育专业的学生有机会依托社会实践的机会,开展面向幼儿及其家长的公益服务项目,这不仅是对学生专业技能的一次实践检验,也是增强其社会责任感、沟通能力和组织协调能力的重要途径。

开展公益服务项目能够使学生将在校所学的理论知识和技能应用于实际工作中,通过实践学习深化对学前教育理论的理解和应用。例如,学生可以组织幼儿绘画、手工制作、音乐表演等活动,这些活动不仅丰富了幼儿的学习生活,也让学生在实际教学中检验自己的教育方法和教学设计能力,从而提升专业技能。通过体验面向社区、幼儿园及其家长的公益服务项目,学生能够在实践中锻炼自己的沟通能力和组织协调能力。这类项目通常需要学生自行策划、组织和实施,过程中会涉及与幼儿家长、社区成员、幼儿园教师等多方的沟通和协调。这不仅是对学生个人能力的一次全面锻炼,也增强了他们解决实际问题的能力,为未来的职业生涯奠定了坚实的基础。通过参与公益服务项目，学生能够积累宝贵的实践经验，为其未来的创新创业活动提供灵感和基础。在实践中遇到的问题和挑战，将激发学生思考和探索更多创新的教育方法和服务模式，为他们日后开展创新创业项目打下坚实的基础。

参与公益服务项目还能够增强学生的社会责任感。在为幼儿及其家长提供专业服务的过程中，学生会更加深刻地意识到教育工作的社会价值，从而激发其服务社会、回馈社区的意愿。这种社会责任感的培养对于未来的教育工作者来说至关重要，它不仅影响学生个人的价值观念，也影响他们未来在教育领域的职业道路选择和发展。

第三节　实践教学实施的改善

一、完善实践教学理念

在学前教育专业的实践教学体系中，"立德树人"和"德技并修"构成了其核心价值支撑。尽管实践教学理念上强调理论与实践的结合，但一个需要注意的现象是实际教学过程往往强调于职业技能的培训，忽略了理论知识与实际应用的深度整合，从而限制了学生职业素养的发展。因此，要真正贯彻"立德树人"的教育理念，高校学前教育专业需要转变其教学定位，从仅注重"技能型"教师的培养，向培育具备全面职业素养的"素养型"教师转型。

培养"素养型"幼师，关键在于两个方面的深度介入，以促进培养模式的根本转变和升级。一是需强化学生在实践中的反思能力，培育他们成为具备深度思考能力的教师，这体现了将学生置于教育活动中心的重要性，促进他们主动学习和成长。二是对学生职业情感的培养至关重要，以提高他们的职业素养，确保学生能够在职业生涯中持续自我驱动和成长，为实现教师职业的长期价值和追求奠定基础。

（一）强化学生实践反思意识，培养反思型幼师

在学前教育专业实践教学体系中，实践反思不仅是教学过程中的重要环节，而且是培养素养型幼师的客观要求。实践反思的核心在于提升学生的自我意识和批判性思维能力，使他们在实际教学中主动识别问题、分析原因并提出解决策略。这一过程不仅彰显了学生的主体地位，而且是实现幼师专业化发展的客观需求。在传统的高校学前教育专业教学中，艺术类课程往往侧重于技能和技巧的训练，而忽视了对幼儿教育情境的深入理解和反思。这种教学方式虽然能够提升学生的操作技能，却无法全面提高其职业素养，特别是在教育情境的构建和反思能力方面存在明显不足。

为了有效培养反思型幼师，教育机构需要将实践反思融入教学设计的每一个环节。一是创建接近真实幼儿园环境的教学情境，使学生在具体的教育环境中学习和实践。这种方法不仅可以增强学生的现场感和紧迫感，还能够激发学生的学习兴趣和主动探索精神。二是教师应该鼓励学生在实践教学中进行持续的自我反思，包括对教学方法、教学效果及其对幼儿发展影响的反思。这要求教师不仅传授专业知识和技能，还要引导学生思考教学背后的理论基础，以及其在实践中的应用和调整。通过定期的反思日志、反思会议和案例研讨等形式，教师可以帮助学生深化对教育实践的理解，促进其专业成长。

另外，高校还应建立一个支持学生实践反思的学习环境，提供必要的资源和指导，如反思指导工具、案例数据库和专家指导等。这些资源和支持能够帮助学生更有效地进行实践反思，促进其从单纯技能的训练转向基于情境的深度学习和反思。

（二）关注学生职业情感的养成，提升学生职业素养

良好的职业认同感不仅是学生职业发展的坚实基石，也是推动其在未来职业道路上持续自我发展和学习的动力源泉。这种认同感能够促进学生体验到职业的满足感和幸福感，为他们的职业追求提供持续的支撑。教育实习作为高职学前教育专业实践教学的重要环节，对于培养学生的职业认同感具有重要意义。不过，在当前的实践教学过程中，往往忽略了对学生职业情感和职业素养的培养。这种单一的教学目标定位限制了学生职业素养的全面发展，无法满足现代幼儿教育的复杂需求。为此，必须将职业情感的培养作为实践教学改革的重要切入点，通过多方面的策略来提升学生的职业素养，如图4-7所示。

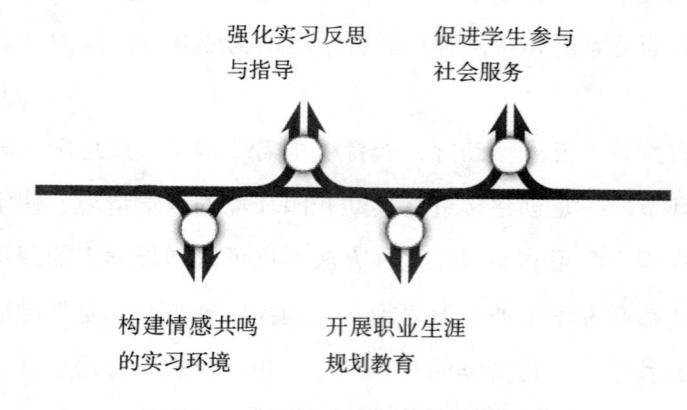

图 4-7 提升学生的职业素养的策略

高校应与实践基地如合作幼儿园一起，创造一个能够激发学生职业情感、体现职业价值和意义的实习环境。通过让学生参与到幼儿园日常管理、教育活动的设计与实施中，体验教育工作的成就感和挑战，从而内化职业价值观，增强职业认同感。在实习过程中，加强对学生的个性化指导和反思活动。通过定期的实习日志、反思报告、案例研讨等方式，引导学生深入思考职业行为背后的教育理念，认识到自己的成长和变化，从而培养出对职业有深刻理解和更多情感投入的幼师。鼓励学生参与到

第四章　基于 OBE 理念的实践教学体系构建与实施策略

幼儿园以外的社区服务和公益活动中，通过实际行动体验教育的社会价值和影响力。这种跨界的职业体验不仅能够拓宽学生的视野，还能增强他们的社会责任感和职业荣誉感。另外，积极开展职业生涯规划教育，结合实践教学，开展职业生涯规划课程和讲座，可以帮助学生明确自己的职业目标和发展路径。通过邀请行业内的专家和优秀幼师分享职业经验和人生故事，激励学生树立正确的职业观念，提升其对未来职业生涯的积极期待和自信。

二、创新实践教学的存续条件

实践教学体系的实施，核心在于教育与实践的紧密融合，旨在为实践教学提供充分的资源和载体支持。这一体系着重强调高校教师资源与实践基地（如幼儿园）教师资源的有效整合，以及高校教学资源与幼儿园教学资源的物理共享。高校作为学生培养的核心单位，应在师资力量和教学场域两个关键方面积极促进校地资源共享，从而实现教育资源的最大化利用，确保学前教育专业学生能够在实际教学环境中得到有效的学习和成长，更好地将理论知识与实践技能结合起来。

（一）师资力量的优势互补

在师资力量方面，高校与幼儿园双方要共同发力实现优势互补。这种师资结构旨在集结高校教师的理论专长与幼儿园教师的实践经验，通过产教融合育人平台的建设，促进理论知识与实践技能的有机结合，从而提高教学质量和效果。

高校教师拥有扎实的专业理论基础和较强的研究能力，他们能够为学生提供深入的理论讲解和前沿的教育观念。通过引入最新的教育理论和研究成果，高校教师能够帮助学生构建系统的专业知识体系，培养其批判性思维和创新意识。在实践教学中，高校教师可以通过设计理论与实践结合的教学活动，引导学生将理论知识应用于实践中，增强学生的理论实践转化能力。幼儿园教师作为实践教学的直接执行者，具有丰富的教育实践经验和对幼儿发展规律的深刻理解。通过分享实际教学案例和实践经验，幼儿园教师能够为学生提供具体的教学方法和策略，帮助学生更好地理解幼儿教育的实践要求和教育技巧。在"双师"团队的协作下，学生可以在真实的教育情境中进行教学实践，有效地提升其教育实践能力和职业技能。

（二）教学场域的共建共享

教学场域的共建共享模式旨在打破传统的实践教学空间限制，通过校内外资源的整合与共享，为学生提供更为丰富和灵活的实践学习环境，进而全面提升学生的职业素养和实践能力。通过校内外资源的整合与科技的应用，高校能够为学生提供更为丰富和真实的实践学习环境，全面提升学生的教师素养和职业能力。建立校外实训基地虽然能够为学生提供接触真实教育场景的机会，但这种形式往往受限于地理位置、时间安排以及经费投入等因素。为了克服这些局限，高校应积极探索校内共享型实践基地的建设。校内共享型实践基地可以利用高校现有的教育资源和设施，通过模拟幼儿园的教学环境和教育情境，为学生创造出接近真实的教学实践环境。这种方式不仅便于学生随时参与实践学习，减少了时间和经费的消耗，还能更加灵活地适应教学安排和学生的学习需求。

科技在现代教育实践中发挥着越来越重要的作用。高校可通过引入虚拟仿真技术、远程教育平台等信息技术手段，进一步拓宽实践教学的空间和范围。不仅能够让学生在无风险的环境中尝试各种教育策略和教学方法，还能够帮助学生深入理解幼儿的行为和心理发展特点，提高实践教学的效果和效率。

三、践行的实践教学实施过程中的"知行合一"

高校学前教育专业的实践教学体系完善的关键在于实践教学实施。遵循"实践—反思—再实践"的循环递进规律,为实践教学提供了坚实的理论基础,强调了经验学习和持续改进的重要性。高校学前教育专业应综合考虑实践教学的各个组成部分,从而构建一个德育和技能培养并重、各环节紧密相连的教学模式。这种模式不仅促进学生在实践中学习和成长,还确保了教育质量的持续提升,形成了一个既注重道德教育又强调专业技能训练的综合教学体系。

(一)探索实践课程模块化教学

模块化教学的核心在于将复杂的实践教学内容层层分解,围绕子目标构建模块化实践教学课程,通过精心设计的教学活动,使学生逐步掌握和应用学前教育专业的知识与技能。

1. 模块化教学的实施需要形成模块化课程

模块化教学的实施需要高校教育管理部门和教师团队对现有的人才培养方案进行深入分析和优化,明确学生的专业成长路径。这一过程中,应充分利用学前教育专业的学制特点,按照学生专业技能的发展需求,将实践教学内容进行合理分解和组合,形成一系列模块化的实践课程。这些课程模块应覆盖学前教育专业的关键技能领域,如教学设计与组织、幼儿沟通交流技巧、教育研究方法及反思能力等。

2. 模块化教学实施的意义

构建"基础性实践+发展性实践"的模块化实践课程体系,既要保证学生掌握学前教育的基本技能,又要促进学生在实践中不断探索和创新,形成自己独特的教育观念和教学风格。这种结构不仅有助于学生系统地学习和应用学前教育知识,也为学生提供了广泛的实践机会,使学生能够在实践中成长,真正实现"知行合一"。

(二)践行"教学做合一"的实践教学模式

践行"教学做合一"的实践教学模式是实现成果导向教育理念的重要途径。在这一模式下,教学与实践不再是两个分离的环节,而是相互融合、相互促进的统一体。这种模式强调在教学过程中整合实践活动,让学生在学习理论知识的同时,能够通过直接参与到教育实践中来加深理解和应用这些知识,从而实现从学生到教师角色的顺利转变。

实施"教学做合一"的实践教学模式,要求高校创新实践教学的组织形式。通过在每个学期安排丰富多样的实践教学活动,如见习、实习、研习、顶岗实习等,学生可以在不同阶段、不同环境下,体验和参与学前教育的全过程。这不仅有助于学生建立全面深刻的学前教育认知,也能够在实践中发现问题、解决问题,逐步提高自己的专业技能和综合素质。

第四节 "互联网+"实践教学体系的构建与实施

随着"互联网+"的快速发展,传统的教育信息化已经不能完全适应新形势的发展,尤其是在高校学前教育领域,须通过"互联网+教育"的新路径和科学方法,刷新实践教学的体系和内容,以期提高教育质量和效率。针对这一变革,高校学前教育专业的实践教学模式应进行相应的创新与调整,将"互联网+"技术与教育深度融合,构建出一套结合线上线下资源的新型实践教学体系,从而提升教学的创新性和实效性。在这一过程中,教师的角色尤为关键。教师不仅需要掌握并应用"互联网

第四章 基于 OBE 理念的实践教学体系构建与实施策略

+教育"的相关技术,更要借助"互联网+"思维,寻找开展实践教学的新策略和方法。具体而言,教师应利用互联网技术优化教学资源的整合与分享,发挥网络平台在教学中的辅助作用,如通过在线视频、虚拟仿真教学等方式,为学生提供更为丰富和灵活的学习体验。教师还需不断更新自身的教育观念,以适应"互联网+"时代下学前教育专业学生的学习需求和特点,进一步提升教育教学的针对性和有效性。

构建"互联网+学前教育专业实践教学"体系,还需要教师积极探索如何将线上学习与线下实践相结合,创造性地设计实践教学活动,从而实现理论知识与实践技能的有效融合,不断丰富和完善实践教学内容,拓展实践教学领域,强化实践教学的综合性、系统性和全面性,最大限度提高学前教育专业实践教学水平。这包括但不限于利用网络平台开展远程教育观摩、在线实习指导等,借助互联网技术拓展学生的实践教学领域,如通过社交媒体参与教育话题讨论、利用在线资源进行教学设计和研究等,旨在强化学生的自主学习能力、创新思维和实践操作能力。

"互联网+"具有很强的开放性,而且也能够将各类现代技术融为一体,最大限度为提高教学效率和质量提供了新的路径。这种开放性的技术平台能够整合多样的现代教育技术资源,极大丰富了教学内容和形式,提升了教学的互动性和实效性。"互联网+教育"的快速发展,对学前教育专业实践教学具有十分积极的作用,为此,高等教育机构应加大对"互联网+教育"融合发展的支持力度,促进学前教育专业实践教学向更加开放、高效、创新的方向发展,实现学前教育专业实践教学质量的整体提升。

"互联网+"模式为学前教育专业的实践教学带来了前所未有的支持,使得信息资源的获取变得异常丰富和便捷。这种新兴的教学方式转变了传统的面对面实践教学,引入了在线学习和互动的新形态,学生能够在虚拟环境中进行互动讨论，利用教育平台自主探索知识，甚至通过远程技术进行现场观察，实时交流。这样的教学模式不仅拓宽了学前教育专业的教学边界，提供了更多元化的实践机会，而且强化了学生的主动学习态度，激发了学生对专业学习的热情。更重要的是，它促进了理论知识与实践技能的有效融合，为学生提供了更广阔的交流平台，促进了学生间的互动与协作。

习近平总书记指出，创新是一个民族进步的灵魂，是一个国家兴旺发达的不竭动力，也是中华民族最深沉的民族禀赋[①]。"互联网+教育"为推动学前教育专业实践教学的创新提供了良好的条件和环境。教师需要掌握"互联网+"的思维方式，创新学前教育专业的实践教学模式。不仅要构建线上与线下相结合的教学体系，还需要采用多种方法和措施，促进学前教育专业实践教学的创新。强调课堂教学与实践教学的有机融合，积极推广"教学做一体化"的应用，将"教与学、学与做"通过有效的载体融合起来，极大提升教学的参与性、实践性和体验性。教师应着眼于激发学生的主观能动性，进一步增强学前教育专业实践教学模式的主体性，利用"互联网+"的思维收集和应用更多案例，指导学生进行全面分析，基于此进行教师的综合总结和结论提炼，既有助于培养学生的创新思维能力，也为学生提供了更多的参与和体验机会；既推动学前教育专业实践教学向更深层次发展，也有利于培养学生的"知行合一"。

一、运用"互联网+"整合实践教学资源，提升资源利用效率

"互联网+"最大的优势就是信息资源极为丰富。随着互联网技术的广泛应用，使教育资源的获取、分享、交流和利用方式发生了根本性变

---

① 北京师范大学史学理论与史学史研究中心.创新是中华民族最深沉的民族禀赋（学术随笔）[N].人民日报，2023-07-24（9）.

第四章 基于 OBE 理念的实践教学体系构建与实施策略

化，为学前教育专业实践教学提供了丰富的教学资源和便捷的交流平台，如图 4-8 所示。

（a）仿真婴儿护理　　　　　　　　（b）仿真婴儿看护

图 4-8　学前教育虚拟仿真实训室

第一，通过运用"互联网+"，教育工作者可以突破时间与空间的限制，实现学前教育实践教学资源的整合。教育领域的信息化和数字化转型不仅改变了传统教育的教学模式，也为教学资源的整合与利用提供了全新的视角和可能。通过运用"互联网+"，可以实现教学资源的整合，从而有效提升资源利用的效率，促进教学活动的互动性与多样性。因为"互联网+"为学前教育专业实践教学提供了一个跨时空的广阔平台。在这一平台上，各种开放课程资源、实践活动视频、案例库、专业论坛等资源得以汇聚，为学前教育师资培养提供了丰富的教学内容和形式。这种资源的集成不仅丰富了教学手段，也拓宽了教学视野，使教师和学生能够越过地理界限，接触并吸收全球范围内的优质教育资源，实现知识的共享与传播。利用"互联网+"整合实践教学资源，可以大幅提升教学资源的利用效率。在传统的教学模式中，教学资源往往受限于物理空间和地理位置，使资源的获取和使用存在一定的局限性。然而，在"互联网+"模式下，通过线上平台的整合和共享，教学资源可以随时随地被获取和利用，极大地提高了教学资源的可及性和实用性。此外，数字化的资源形式也方便了教学资源的更新和扩充，保证了教学内容的时效性和前沿性。

　　"互联网+"模式下的实践教学资源整合，还促进了教学活动的互动性和参与性。通过网络平台，教师和学生可以实现实时互动，即时反馈，增强了学习的互动性和教学的针对性。学生既可以根据自己的学习进度和兴趣，选择适合的学习资源进行自主学习，也可以通过线上讨论、协作解决学习中遇到的问题，提高学习的主动性和自主性。利用"互联网+"整合实践教学资源，还有助于培养学生的信息素养和终身学习能力。在信息爆炸的时代背景下，如何有效获取、筛选、利用和创新信息成为每位学前教育专业学生必须掌握的基本技能。通过"互联网+"教学资源的整合与利用，学生不仅能够接触到最新的教育理念和实践方法，也能够学会如何在海量信息中寻找自己所需的知识，提升自身的信息处理能力和问题解决能力。

　　第二，利用"互联网+"技术促进实践教学的个性化和精准化，不仅是对传统教学模式的一种补充和完善，也是提升教育质量和效率的重要手段。通过数据分析和智能推荐技术，可以实现教学内容和方法的个性化定制，为学前教育专业学生提供更加精准有效的学习支持。"互联网+"技术使学前教育实践教学资源的个性化整合成为可能。通过大数据分析，教师可以详细了解每位学生的学习历程、知识掌握情况和学习偏好，从而根据学生的个性特点和需求，提供定制化的学习资源和教学方案。这种个性化的学习方式能够使学生在学习过程中得到更有针对性的指导，提高学习效率和成效。"互联网+"技术还为学前教育专业学生提供了更广阔的实践平台和资源。学生可以通过网络平台参与线上的教育实践活动，观摩优秀教师的教学示例，参与虚拟仿真教学场景的互动体验，或者加入在线讨论和协作学习小组，与来自不同地区和具有不同背景的同学进行交流和合作。这些活动不仅丰富了学生的实践经验，也拓宽了学生的视野，增强了学生的社会交往能力和团队协作能力。

第四章 基于OBE理念的实践教学体系构建与实施策略

智能推荐技术在实践教学中的应用,为学生提供了更加精准的学习路径选择。基于学生的学习行为和反馈,智能系统可以推荐与学生能力水平和兴趣相匹配的学习内容和实践活动,引导学生进行深入探索和自我驱动学习。这种学习方式不仅增强了学习的主动性和自主性,也使学习过程更加符合学生的个性化发展需求。为了更好地实现"互联网+"学前教育专业实践教学的个性化和精准化,需要教师不断提升自身的信息技术应用能力和教育教学创新能力。教师应积极探索和实践"互联网+"环境下的新教学方法和模式,利用信息技术手段优化教学设计,提升教学互动和学生参与度,不断探索和创新,以适应新时代学前教育专业人才培养的需求。

第三,利用"互联网+"技术整合实践教学资源不仅可以提高资源的利用效率,还能显著增强学生的自主学习能力和创新意识。在这一过程中,学生从传统的知识接收者转变为主动的信息搜寻者和知识创造者,这一转变对于培养适应未来教育需求的高素质幼儿教师具有重要意义。

从学生角度来说,互联网为学生提供了海量的信息资源和学习工具,学生可以通过在线平台获取与学前教育专业相关的最新研究、教学案例、实践工具等资源。这些资源的丰富性和即时性极大地促进了学生自主学习和知识探索的能力,学生可以根据自己的学习需求和兴趣,自主选择学习内容和路径,从而形成个性化的学习计划。互联网平台提供的协作工具和交流空间为学生提供了团队合作的舞台。学生可以在虚拟的协作环境中与其他学生一起工作,共同讨论和解决问题。这种团队合作经历有助于学生培养良好的沟通能力、协调能力和团队精神,这些能力对于未来的幼儿教育工作至关重要。

从教师角度来说,通过"互联网+"整合的实践教学资源,教师可以设计开放性的实践探索任务,鼓励学生利用网络资源进行自我驱动的学习和研究。例如,教师可以布置以解决实际教育问题为目标的项目任务，学生需要自主搜集资料、分析问题、设计解决方案，并通过网络平台与同伴交流合作，共同完成项目。这种学习方式不仅锻炼了学生的信息搜集和处理能力，也提升了学生的创新思维和问题解决能力。

运用"互联网+"技术整合实践教学资源，还可以促进学生及教师的终身学习意识和能力。在不断变化的教育环境中，教师和学生都需要具备终身学习的能力，以适应新的挑战和需求。通过互联网学习和实践，学生可以逐渐形成自主学习的习惯，掌握学习新知识的方法，为终身学习奠定基础。

第四，实现教育资源的有效整合，提升其利用效率，关键在于构建一个开放、互动、协作的教学生态系统。这一系统的构建需要高校、实践基地、教育行政部门以及社会各界的共同参与和努力，形成一个协同育人、共赢发展的新局面。

从高校和实践基地角度来看，高校作为学前教育专业实践教学的主体，需要在"互联网+"的背景下，主动拓宽教育视野，寻求与外部资源的链接和整合。通过构建开放式的教育平台，高校可以将自身的教育资源和社会、幼儿园等外部资源相连接，促进资源的共享和流动。这不仅能够丰富学前教育专业的教学内容，还能为学生提供更广阔的实践学习空间。幼儿园作为学前教育实践教学的重要基地，其在资源整合过程中的作用不可忽视。幼儿园通过与高校的深度合作，可以共同开发适合学前教育实践教学的案例、课程和项目，实现资源的互补和优化。同时，幼儿园可以借助"互联网+"，通过线上平台对外开放其教育资源，提升教育影响力，形成开放共享的教育环境。

从行政部门及社会各界角度来看，教育行政部门在推动学前教育专业实践教学资源整合方面发挥着不可替代的作用。通过出台相应的政策措施，提供政策支持和资金投入，教育行政部门可以促进高校和幼儿园之间的合作，推动教育资源的共建共享。此外，教育行政部门还可以协调社会各界力量,共同参与学前教育专业实践教学体系的构建和完善,为教育资源的整合提供更为广泛的平台和机会。社会各界的参与是实现"互联网+"学前教育专业实践教学资源整合的重要保障。通过建立企业、非政府组织、志愿者团体等多元化的合作关系,可以为学前教育专业提供丰富多样的实践教学资源。同时,社会的参与能促进教育实践活动的社会化和社会责任感的培养,为学生提供更为真实、广阔的学习和实践平台。

二、深化实践教学的实践性、体验性、参与性

在"互联网+"学前教育专业实践教学体系构建与实施过程中,深化实践教学的实践性、体验性、参与性是关键。这一过程不仅要依托"互联网+"的技术优势,更需要在教学设计和实施中创新思维,以满足学生的学习需求和发展趋势,培养其全面的职业能力。

第一,实践教学的实践性要求教育工作者能够提供充足的实践机会,让学生在真实或模拟的幼儿教育环境中学习和应用专业知识。通过"互联网+"平台,可以打破时空的限制,为学生提供更广泛的实践机会。例如,通过在线视频、虚拟仿真教室等技术手段,学生可以观摩不同地区、不同类型幼儿园的教学活动,甚至参与到远程教学中,增加实践经验。

第二,体验性是实践教学不可或缺的部分,它要求学生能够在实践活动中获得深刻的情感体验和认知体验。通过"互联网+"创新实践教学载体,如在线实训平台、虚拟现实(VR)幼儿园等,学生可以被赋予更加直观和生动的学习体验。这种体验并不局限于传统的课堂学习,更是通过高度模拟的实践环境,让学生在沉浸式的学习过程中,深刻体验幼儿教育的实际操作、幼儿心理和行为的细微变化,从而有效增强学生的学习积极性和主动性。教师在此过程中扮演着设计和引导的角色,他们可以依托网络平台,设计出富有创意和挑战性的实践任务,如让学生通

过视频观察、线上互动的方式,与幼儿及家长进行深度交流和互动,进一步深化学生对幼儿发展规律的理解和应用能力的培养。这样的实践活动,不仅让学生在理论知识与实际应用之间建立更加紧密的联系,还促进了学生对幼儿教育职业的理解和尊重,为其未来的职业生涯打下坚实的基础。

第三,参与性强调学生在实践教学过程中的主动参与和交流。利用"互联网+"技术,教育工作者可以创建更加开放的教学环境,如在线论坛、社交媒体小组等,鼓励学生分享实践经验、讨论教育问题。通过组织在线研讨会、工作坊等活动,学生不仅能与同学进行深入交流,还有机会与实践一线的教师、教育专家进行互动,提高问题解决能力的同时,大大拓展了他们的学习视角。这样的教学模式有效地激发了学生的学习热情和参与度,有助于他们更深入地理解和掌握教育实践的各个方面。

第四,推动"创客空间"的建设在"互联网+"学前教育专业实践教学体系构建与实施中扮演着至关重要的角色,它不仅拓宽了学生的学习维度,还极大地促进了学生创新思维和实践能力的发展。学前教育创客空间作为一个集探究学习、实验创造于一体的多功能平台,为学生提供了一个自由探索和创新的开放环境,使学生能够摆脱传统教学模式的限制,通过动手实践和创造性思考,探索学前教育的各种可能性。在创客空间内,教师通过设计与现实教育场景紧密结合的项目任务等方式,激发学生的探究兴趣和创新精神。这些任务不仅要求学生运用所学知识解决实际问题,还鼓励学生发挥个人创意,通过实验和迭代过程,探索新的解决方案。在此过程中,学生的综合职业素质得到了全面发展,包括问题解决能力、团队合作精神、创新意识和自我学习能力等。创客空间还为学生提供了一个展示自我和相互学习的平台。学生可以在此分享自己的项目成果,接受同伴和教师的反馈,通过互相学习和讨论,进一步提高自己的实践和创新能力。这种开放的学习氛围有助于培养学生的公共演讲能力、批判性思维和社交技能，为其未来的职业生涯奠定坚实的基础。

创客空间的建设，借助"互联网+"技术的支持，可以更加灵活地整合各种在线与离线资源，如虚拟现实（VR）、增强现实（AR）技术、在线教育平台和各类教育软件，为学生提供丰富多样的学习材料和工具。这样的技术支持不仅增加了学习的趣味性和互动性，还扩大了学生的学习范围，使他们能够跨越空间限制，学习到更广泛的知识和技能。

三、运用"互联网+"提升实践教学效果

传统的实践教学模式面临着如实践机会的有限性、教学资源的局限性及教学效果的不易评估等问题。在这种背景下，通过构建"互联网+学前教育专业实践教学"闭环系统，不仅可以扩大教学资源和实践机会，还能通过有效的评估机制持续提升教学效果。运用"互联网+"提升实践教学效果的具体举措如图4-9所示。

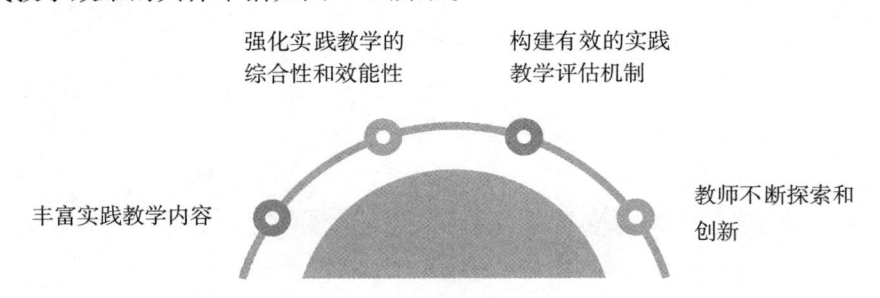

图4-9 运用"互联网+"提升实践教学效果的具体举措

通过"互联网+"，教师可以将线上和线下的教学资源进行有效整合，为学生提供更为丰富和多样化的学习材料和实践场景。例如，利用虚拟现实（VR）技术模拟不同的教育环境，让学生在模拟的环境中进行实践操作，增加学习的趣味性和实践性。

通过在线平台，教师可以设计跨学科的综合实践项目，鼓励学生将所学理论知识应用于实际问题的解决中，从而提升学生的问题分析能力

和创新能力。同时，通过在线协作工具，学生可以与同学、教师乃至国内外的专家进行交流和合作，从而拓宽学习视野，增强实践教学的效能。

　　运用大数据技术对实践教学进行效果评估，可以通过收集和分析学生在实践教学中的在线行为数据、成果展示、互动讨论等信息，全面了解学生的学习状态和实践教学的影响因素。这种基于数据的评估方法，不仅可以提供更为客观和准确的教学反馈，还可以帮助教师及时调整教学策略，针对性地解决教学中存在的问题，从而持续优化教学过程，提高教学效果。

　　在"互联网+"的背景下，教师应当保持开放的心态，积极拥抱新技术、新方法，不断尝试和优化实践教学的模式和内容。通过反思实践教学的经验，并结合学生的反馈和评估结果，教师可以不断提高自身的教学能力，为学生提供更高质量的学前教育实践教学体验。

第五章　学前教育专业实践教学评价反馈体系的健全与完善

第一节　评价反馈体系构建的必要性

　　实践教学评价反馈体系对于激发学生学习的积极性、提升教学水平、优化教学方法具有重要意义。它不仅是专业教学不可或缺的一环，还是提升教学质量、实现知识向能力转化的关键因素。通过建立一套与市场需求相适应、科学合理、操作性强的实践教学评价指标体系，可以有效地监测和评估实践教学成效，对学生的学习进展和教师的教学质量进行客观的评价。这样的评价体系不仅对教师具有激励和约束作用，也为改善实践教学环境、提高教学效果提供了重要支撑。因此，构建和应用科学的实践教学评价反馈体系，对于推动教学质量的持续提升具有十分必要的作用。

　　教育部发布的《本科层次职业教育专业设置管理办法（试行）》指出，职业本科专业人才培养方案设置要"实践教学课时占总课时的比例不低于50%，实验实训项目（任务）开出率达到100%"[1]。学前教育专业定位于培养高技术技能、高岗位切合度、高科研水平、高道德修养的"四高"人才，其职业价值体现为对幼儿实施科学教育，因此，提高实践教学水平是职业本科学前教育专业培养毕业即能上岗的具有较强实操能力人才的关键[2]。完善的实践教学评价反馈体系对于确保实践教学的质量至关重要，它能够系统评估实践教学的成效，识别存在的问题，并优化教学策

---

[1] 教育部办公厅.教育部办公厅关于印发《本科层次职业教育专业设置管理办法（试行）》的通知[R/OL].（2021-01-22）[2021-08-20].http://www.gov.cn/zhengce/zhengceku/2021-01/29/content_5583672.htm.

[2] 罗红霞.职业本科院校学前教育专业实践教学评价体系构建[J].宁波职业技术学院学报，2021，25（6）：42-46，66.

略。通过建立一个科学的实践教学评价机制,可以有效避免教学活动的主观性、形式主义和随机性,确保实践教学活动达到预期的教育效果。因此,加强实践教学评价体系的构建是提升实践教学品质的关键步骤。

一、提升教学质量与效果的客观要求

实践教学评价反馈体系的构建不仅有助于教师精准诊断教学问题,优化教学方法与策略,还能强化教学过程的监控与调整,从而有效提升高校学前教育专业的教学质量与效果。通过这一体系的实施,教师能够更加科学地指导学生学习,更有效地促进学生的全面发展,最终实现教育教学的最佳效果。

(一)精准诊断教学问题,优化教学方法与策略

1. 精准诊断教学问题是提升教学质量的前提

这种诊断不仅关乎教师对教学内容的把握和教学方法的应用,更涉及对学生学习状态的细致了解和实时反馈。实践教学评价反馈体系的建立,为实现这一目标提供了有效的手段和工具。

精准诊断教学问题的实施机制需要教师能够通过多样化的评价方法收集学生的学习数据,包括但不限于学生的作业成绩、课堂参与情况、学习态度以及学习过程中遇到的具体难题等。这些数据的收集不仅需要教师具备相应的评价技能,还需要借助现代教育技术,如学习管理系统、学生反馈工具等,以确保数据的实时性和准确性。通过对收集到的学习数据进行深入分析,教师能够识别出学生学习过程中的关键问题,如知识掌握的薄弱环节、学习兴趣的缺失、学习策略的不恰当等。这种精准的诊断不仅帮助教师了解学生的学习需求和问题所在,更为教师提供了调整教学内容和方法的依据,使教学活动更加符合学生的实际情况和需求。基于精准诊断结果的教学调整和优化,旨在解决识别出的教学问题,

提高教学效果。这可能涉及教学内容的重新组织、教学方法的创新应用、教学资源的优化配置等方面。

精准诊断教学问题和基于此的教学调整，不仅能够提升教学的针对性和有效性，还能够促进教师的专业成长。在这一过程中，教师不仅是知识的传递者，更是学习引导者和问题解决者，通过不断的实践、反思和调整，不仅能够解决学生的学习问题，也能够不断提升自身的教学能力和教育智慧。

2. 精准诊断教学问题可以促进教学方法的创新与改进

精准诊断的实施能够帮助教师准确地识别学生在学习过程中遇到的具体问题。这些问题可能涉及学生对某一知识点的理解不深刻、对学习内容的兴趣不高、学习方法不恰当等。对这些问题的精准诊断为教师提供了针对性改进教学方法的依据，使教学更加符合学生的实际需求和学习特点。在此基础上，教师可以根据诊断结果创新教学方法。例如，对于学习兴趣不高的学生，教师可以引入游戏化学习、情景模拟、角色扮演等互动式教学方法，以增加学习的趣味性和参与度。对于难度较大的知识点，教师可以采用分层教学、个性化指导、视觉辅助等多样化教学策略，帮助学生从不同角度和层次理解和掌握难点。

精准诊断还促使教师对教学内容进行深入反思，考虑是否需要对教学内容进行重组或调整，以更好地适应学生的学习进度和能力水平。这种基于学生实际学习情况的教学内容调整，能够确保教学活动既有挑战性又不超出学生的认知范围，从而提高学习的有效性。

3. 精准诊断教学问题有助于构建一个更为有效的教学反馈循环

通过实践教学评价反馈体系，教师能够基于实时的评价信息，准确地识别出教学过程中存在的具体问题，如学生对某个知识点的理解不足、对特定学习活动的参与度低等。这种精准的问题诊断不仅为教师提供了针对性改进教学策略的重要依据，也为学生指明了学习方法的调整方向，

第五章　学前教育专业实践教学评价反馈体系的健全与完善

从而构建了一个双向互动、高度适应的教学反馈机制。教师可以根据诊断结果，对教学内容、方法和资源进行及时的调整和优化，使之更加符合学生的实际学习需要。这样的教学活动不仅能够提升学生的学习兴趣和动力，还能够促进学生对知识的深入理解。通过对教学问题的精准诊断，教师能够发现学生学习过程中的个体差异，从而采取个性化的教学策略，满足不同学生的学习需求。另外，学生也能够根据教师的反馈，有针对性地调整自己的学习方法，加强自我监控和自我调整能力，形成有效的自主学习模式。在这一过程中，教师与学生之间的沟通和交流更加频繁和深入，教学活动不再是单向的知识传授，而是变成了一种双向的、互动的学习过程。这种互动不仅增强了学生的参与感和归属感，也促使教师持续反思和改进自己的教学实践。精准诊断教学问题对构建教学反馈循环的作用如图 5-1 所示。

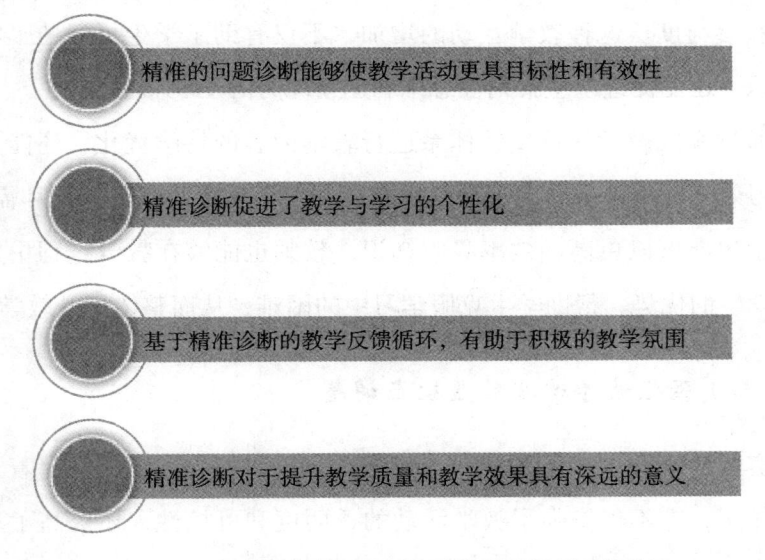

- 精准的问题诊断能够使教学活动更具目标性和有效性
- 精准诊断促进了教学与学习的个性化
- 基于精准诊断的教学反馈循环，有助于积极的教学氛围
- 精准诊断对于提升教学质量和教学效果具有深远的意义

图 5-1　精准诊断教学问题对构建教学反馈循环的作用

4. 实践教学评价反馈体系对于教师持续优化教学内容具有重要的促进作用

在现代教育环境下，教学内容的选择和设计不仅需要符合教学大纲

的要求，更重要的是要贴合学生的实际学习需求和情况，这就要求教师能够根据学生的学习反馈对教学内容进行动态调整。实践教学评价反馈体系提供了一种有效的机制，通过收集和分析学生的学习反馈，教师可以准确地掌握学生对教学内容的接受程度、学习兴趣以及学习难点，从而为教学内容的调整提供有力的支持。

实践教学评价反馈体系能够帮助教师及时了解学生对特定教学内容的反馈信息，包括学生对教学内容的理解深度、兴趣点以及存在的疑惑等。这种及时的反馈信息为教师提供了重要的参考，使教师能够针对性地对教学内容进行补充或调整，如增加更多的实例分析、调整教学案例的难易程度、增强教学内容的实践性和互动性等，以提高教学的针对性和有效性。这种教学内容的及时调整和动态优化使教学活动更加贴近学生的实际需求和兴趣，激发学生的学习热情，增加学生对课堂内容的关注度和参与度。这种教学互动的增加，不仅有助于学生更好地吸收和理解知识，还能促进学生批判性思维和创新能力的发展。

通过实践教学评价反馈体系进行教学内容的持续优化，还能显著提高学习效率和教学成效。当教学内容更加符合学生的学习特点和需求时，不仅学生能够以更高的效率吸收知识，教师也能够在教学过程中发现并强化学生的优势，帮助学生克服学习中的困难，从而整体提升教学质量。

（三）强化教学过程的监控与调整

实践教学评价反馈体系对于强化教学过程的监控与调整起着至关重要的作用，它不仅增强了教学活动的透明度和可控性，还提高了教学质量的稳定性和可持续性。通过实施这一体系，教师能够实现对教学活动的全面监控，确保每一环节都能按照既定目标和标准执行，及时调整不适应或偏离目标的教学内容和方法。质量生成系统监控体系图如图5-2所示。

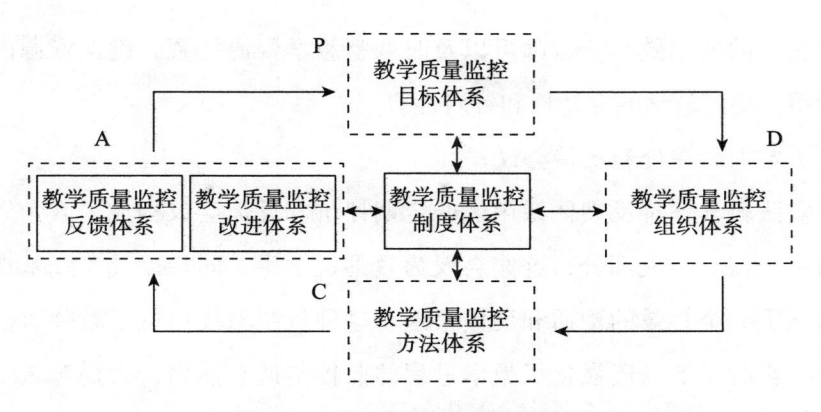

第五章　学前教育专业实践教学评价反馈体系的健全与完善

图 5-2　质量生成系统监控体系图

1. 教学监控机制的建立

按照"PDCA"质量管理循环将各体系有机整合后，可以形成学校质量生成系统的监控体系。通过定期收集和系统分析教学活动的数据，教师能够获得一个全面且深入的了解教学状态的平台，进而实现对教学过程的有效监控与调整。这种监控机制不仅涵盖学生的学习进展和成效，还包括他们的参与度以及教学资源的利用效率等多维度信息，为教师提供了全方位的教学反馈。

教学监控机制通过提供实时的学习数据，使教师能够及时了解学生的学习状况，包括学习进度、理解难度以及对教学内容的接受度等。这些数据的及时反馈对于教师而言极其宝贵，它们不仅可以帮助教师评估教学活动的总体效果，还能够指导教师及时调整教学策略，以解决学生在学习过程中遇到的具体问题。教学监控机制还关注学生的参与度，这是评估教学活动效果的一个重要维度。通过监控学生在课堂上的互动、讨论以及对各类教学任务的参与情况，教师可以判断教学活动是否能够有效吸引学生的注意力和兴趣，从而进一步调整教学方法，增加课堂互动和参与性活动，以提高学生的学习动力和课堂活跃度。教学监控机制也包括对教学资源使用情况的评估。在实践教学过程中，各种教学资源的合理利用直接影响教学质量和学生的学习效果。通过定期检查和分析教学资源的使用效率，教师可以及时调整教学资源配置，确保资源的有效利用，提高教学的支持性和针对性。

2. 定期的评价和反馈会议

实践教学评价反馈体系内嵌的定期评价和反馈会议构成了教学管理中的一个核心组成部分，这些会议为教师、学生、同行以及实践基地之间建立了一个有效的沟通和反馈渠道。这种机制不仅促进了教师对教学效果的实时了解，还强化了教学过程的监控与调整能力，为提升教学质量与效果提供了强有力的支持。

通过定期的评价和反馈会议，教师能够直接从学生那里获得反馈，这是理解学生学习体验和感受的第一手资料。学生对教学内容、教学方法的直接反馈，能够帮助教师准确把握学生对教学活动的接受度和学习状态，从而针对学生的实际需求进行教学内容和方法的调整。这种评价反馈机制还提供了教师间相互学习和交流的平台。同行的建议和指导不仅能够帮助教师拓宽视野，吸纳新的教学理念和方法，还能够促进教师之间的协同和互助，形成共同提升教学质量的良好氛围。来自实践基地的专业反馈为教师提供了与实际工作场景紧密结合的视角，有助于教师理解和掌握行业的最新需求和变化。这种来自实践领域的反馈，可以使教学内容更加紧贴实际，提高学生的职业适应性和就业竞争力。定期的评价和反馈会议通过搭建多元的沟通桥梁，为教师提供了一个全面了解教学效果、识别教学问题、调整教学策略的机制。

3. 对当前教学挑战的应对

在当前的教育环境中，教师面临着日益增长的教学挑战，这些挑战不仅源自学生的个性化需求，还包括新兴教学技术的应用以及教学环境的持续变化。为了有效应对这些挑战，以及提升教学质量与效果，构建实践教学评价反馈体系显得尤为关键。这一体系能够显著强化教学过程的监控与调整能力，为教师提供及时、准确的教学反馈，从而促使教师更为灵活地应对教学中出现的新情况和挑战。

实践教学评价反馈体系能够提供实时、多维度的教学数据和反馈信息，这些信息涵盖了学生的学习进度、学习难点、学习兴趣等各个方面。借助这些信息，教师能够迅速识别出教学内容与学生需求之间的差距，及时调整教学策略，采取更符合学生需求的教学方法。除此之外，实践教学评价反馈体系还能够帮助教师有效地融合新兴教学技术。面对快速发展的教育技术，如在线学习平台、虚拟现实技术等，教师可以根据学生的反馈和学习效果，灵活选择和应用这些技术工具，既可以提高教学的互动性和吸引力，也可以促进学生的深入学习。

实践教学评价反馈体系促使教师对教学环境的变化保持敏感，适时调整教学计划。无论是学校政策的变动、课程标准的更新还是社会需求的变化，教师都能够基于评价反馈体系中的信息，做出及时反应，调整教学内容和方法，确保教学活动始终贴近实际，满足学生的学习需求。

二、提升实践教学治理能力的必然选择

提升实践教学治理能力正成为实现教育质量提升和人才培养模式创新的必然选择。学前教育专业的持续发展依赖专业内涵的深化建设和教学治理水平的全面提高。这不仅需要遵循学前教育人才成长的自然规律，还要通过对教学活动的细致评价、审视和反思，进而突破发展的瓶颈，创造具有特色的教学资源和创新的人才培养模式。实践教学作为学前教育专业教学的重要组成部分，旨在培养学生的实际操作能力和实操技能，如玩具制作、活动设计与组织、游戏开发与指导，以及音体美等方面的策划与教学技巧。这些能力的培养不仅要求有良好的实训实习条件和设施、强大的师资队伍、科学合理的课程设置，还需要有效的教学方法和手段。因此，构建一个全面的实践教学评价反馈体系，对于提升学前教育专业的实践教学治理能力具有重要意义。

第一，实践教学评价反馈体系能够为教学提供客观、全面的评价标准和工具，确保实践教学的质量得到持续优化和提高。这些标准涵盖了实践教学的各个方面，包括学生在实践活动中的技能掌握程度、创新能力的表现、团队协作和沟通能力等。通过这些标准，教学管理者和教师可以从多个维度全面评价学生的实践教学表现，既包括学生的个体学习成果，也包括团队合作与项目完成的整体效果。基于客观、全面的评价数据，教学管理者可以做出更加科学合理的教学决策，如调整课程设置、优化师资配置、改进实训环境等。这种基于数据的决策过程，能够确保教学资源的高效利用，从而提高实践教学的整体质量。

第二，完善实践教学的治理结构，明确各参与方的责任与角色，对提升教学质量具有重要意义。实践教学评价反馈体系的构建，不仅为实践教学提供了监控和评价的手段，更是强化教学治理、促进教学改革的关键举措。实践教学评价反馈体系通过明确教学管理者、教师和学生的责任与角色，为实践教学的高效运行奠定了基础。教学管理者负责制定实践教学的政策和规划，确保实践教学活动的资源配备和支持服务到位；教师则承担着设计和执行实践教学活动的职责，需要根据评价反馈不断优化教学方法和内容；学生作为实践教学的直接参与者，他们的反馈信息对于评价教学效果和指导教学改进具有重要价值。这种明确的责任分配和角色定位，有助于构建一个责、权、利清晰的教学治理体系，进而提升教学管理的效率和效果。

实践教学评价反馈体系能够建立起一个高效、动态的教学管理和运行机制。通过定期的教学评价和实时反馈，教学管理者可以及时掌握实践教学的运行状况，识别存在的问题，并采取相应的调整和改进措施。这一体系还鼓励了教师之间、教师与学生之间的互动和沟通，促进了教学方法和策略的创新，提高了教学活动的适应性和灵活性。通过反馈机制，学生的学习体验和满意度成为评价教学质量的重要指标，教师和教

第五章 学前教育专业实践教学评价反馈体系的健全与完善

学管理者需要关注学生的反馈,共同探讨和实施教学改进措施。这种以学生为中心的教学理念,不仅能够提升学生的学习效果,也能促进教师的专业成长和教学创新。

三、加强高校与社会需求间的适配性的核心举措

(一)提高学校教育的社会适应性与影响力

当今学前教育专业面临的挑战和机遇并存,社会不仅对高质量教育的需求日益增长,对教育内容和教学质量的期望也在不断提升。在这样的背景下,实践教学评价反馈体系的构建,成为提高学校教育社会适应性与影响力的关键。通过该体系,高校能够更好地响应社会变化,促进教育品质的提升,同时增强其教育的社会影响力。实践教学评价反馈体系为高校提供了一个有效的工具,以监测和评估教育内容和教学方法的适应性。学前教育专业开展的"见习、实习、研习"活动如图5-3所示。

(a)见习活动 　　　　　　(b)实习活动

图5-3　学前教育专业开展的"见习、实习、研习"活动

这一体系能够帮助高校及时了解社会对教育的需求和期望,确保教育内容和教学方法与时俱进。随着社会的发展和技术的进步,新的知识领域和技能要求不断涌现,教育内容需要不断更新,以适应这些变化。通过定期的评价和反馈,教育机构能够及时调整教育策略,更新教学内

容，确保学生能够学习到最新的知识和技能。

实践教学评价反馈体系还能促进学校与社会需求之间的紧密联系。通过与行业企业和专业机构的合作，高校不仅能够获取行业的最新动态和需求，还能够将这些信息反馈到教学内容和教学方法的调整中。这种密切的合作关系有助于学校培养出更符合市场需求的人才，增强毕业生的就业竞争力和社会适应能力。同时，这种紧密的联系能够增强高校教育的实用性和前瞻性，使高校教育更具影响力和吸引力。通过实践教学评价反馈体系的构建，高校能够不断提升教学质量，进而提高其社会适应性和影响力。定期的评价和反馈不仅有助于发现和解决教学中的问题，还能够促进教学方法的创新和改进。高质量的教育能够吸引更多的学生和社会资源，提升学校品牌和声誉，从而增强其在社会中的影响力。

（二）建立学校、学生和社会的良性互动

实践教学评价反馈体系对于构建学校、学生与社会之间的良性互动具有不可估量的作用。在现代教育体系中，高校不再是封闭的象牙塔，而是需要与社会紧密联系，响应社会需求，培养适应社会发展需要的高素质人才。

通过建立学校、学生和社会之间的良性互动，促进教育的创新和发展，满足社会对高素质人才的需求，为社会的持续进步提供强有力的支持。实践教学活动使学生能够直接参与到社会实践之中，不仅能够了解社会的实际需求，还能够在解决实际问题的过程中锻炼和提升自己的能力。这种直接参与的经历，不仅有利于学生理解理论知识的实际应用，更能够培养他们的创新思维和问题解决能力，为他们将来的职业发展打下坚实的基础。通过参与学校的实践教学活动，社会企业和机构能够直接了解学生的能力和特点，这对于企业和机构来说，是一种非常直接有效的人才选拔方式。同时，这种合作能够为企业和机构提供新鲜的思想

和解决方案,促进企业创新和社会进步。

实践教学评价反馈体系能够帮助学校及时获得社会的直接反馈,这种反馈是对学校教育质量的直接评价,可以帮助学校及时调整教育策略和人才培养方向,更好地服务于社会发展。通过与社会的良性互动,学校可以提升自身的教育质量和社会适应性,增强学校的社会影响力和品牌价值。通过实践教学活动,学生不仅能够提升自身的职业技能和综合素质,还能够增强社会责任感和服务社会的能力。这种能力的提升,不仅有助于学生的个人成长和职业发展,更能够促进社会的和谐发展和进步。

第二节 塑造多元化的评价反馈体系

一、构建多元化评估反馈主体

构建多元化评估反馈主体包括内部评价和外部评价的有机结合,以及评价主体的多元化。为了实现这一目标,必须建立一个包含常态评价、第三方评价和用人单位评价的三级三方评价体系,确保评价的全面性和客观性。如此高校便能够全面、客观地了解教学质量状况,为教学改进和人才培养质量提升提供有力支持。这不仅能激发师生参与实践教学的积极性,还能够促进高校教育更好地适应社会需求,为社会培养更多优秀的学前教育专业人才。

(一)学校主体

学校主体在实践教学常态评价中扮演着核心角色,这不仅涉及对教学过程的持续监控和评价,也包括对教学成果的评价和反馈。校内专业教学委员会作为常态评价的主要承担者，其职能主要集中在对实践教学过程的系统监控与评价上。这种常态评价机制通过设立明确的评价标准和流程，实现了对实践教学全过程的全面覆盖，从教学准备、教学实施到教学反馈的每一个环节都进行细致的考查和评价。这种评价不仅关注教学活动的实施质量，更重要的是关注教学活动对学生实践能力提升的效果。通过定期的内部评价，校内专业教学委员会能够及时地发现教学过程中可能出现的问题，如教学方法的不当、教学内容与学生需求的不匹配等，从而为教学改进提供明确的依据。这种评价机制的设立，不仅促进了教师教学方法的不断创新和优化，也激励学生主动参与到实践教学活动中，通过实践锻炼提升自己的专业能力。

这种常态评价机制还重视对教学成果的评价，特别是对学生实践能力的评价。通过对学生在实践教学中的表现进行系统的观察和记录，评价不仅局限于传统的知识掌握程度，更加重视学生在实际操作中所表现出的能力和技能，以及学生在实践过程中的创新能力和解决问题的能力。这种以能力为导向的评价标准，更加贴近社会对教育的需求，有助于提升学前教育专业的教育质量和效果。

（二）第三方主体

在高校学前教育专业实践教学的评价过程中，引入第三方评价不仅可以为教学质量提供更为客观公正的评价，还能够通过专业的视角为高校的教学改进提供前瞻性的建议和方向。第三方评价主体通常包括外部专家、行业专家、专业机构等，他们拥有丰富的行业经验和专业知识，能够从专业和市场的角度对高校的实践教学活动进行评价。这种来自外部的评价能够为高校的教学管理和教学内容提供全新的视角，有助于高校及时了解行业发展的最新动态和趋势，确保教学内容的时代性和实用性。一方面，第三方评价能够确保教学内容和教学方法与行业需求保持

第五章　学前教育专业实践教学评价反馈体系的健全与完善

同步。随着社会经济的快速发展和行业技术的不断进步,行业对人才的需求也在不断变化。通过引入行业专家和外部专家的评价,高校可以获取行业最前沿的知识和技能需求,及时调整教学计划和内容,使学生能够学到最新的知识,增强其就业竞争力。另一方面,第三方评价还可以为高校的教学方法和教学管理提供新的思路和建议。外部专家和专业机构通常拥有先进的教育理念和丰富的教育实践经验,他们的评价和建议可以帮助高校发现教学中存在的问题,探索更有效的教学方法,提升教学质量。同时,第三方评价可以作为高校自我评价的重要补充,通过外部的视角检验高校教学活动的质量和效果,促进教学的持续改进和创新。

第三方评价还能够加强高校与行业之间的联系,建立起高校、学生和社会的良性互动关系。通过与行业专家和专业机构的合作,高校不仅可以为学生提供更多的实习和就业机会,还可以通过实践教学活动反馈社会对人才的具体需求,从而更好地服务于社会和经济的发展。

(三) 用人单位主体

在构建高校学前教育专业实践教学评价反馈体系的过程中,用人单位的评价起到了桥梁和纽带的作用,连接高校教育与社会需求。通过用人单位对毕业生实践能力的评价,高校能够直接获得对其人才培养成果的社会反馈,这对于优化人才培养方案、调整课程结构、提升教育质量具有不可估量的价值。用人单位的评价能够为高校提供关于社会需求变化的第一手资料。随着社会经济的发展和行业技术的更新换代,用人单位对人才的需求也在不断变化。通过用人单位的反馈,高校可以及时掌握行业发展趋势和技术进步,根据社会需求调整教育方向和课程设置,使人才培养更加符合市场需求,提高毕业生的就业竞争力。用人单位评价的直接性和实践性使其成为高校教育质量评估中不可或缺的一部分。这种评价能够准确反映毕业生在实际工作中的表现和能力,从而为高校提供了评估教育成果的直接依据。通过用人单位的评价，高校可以了解到毕业生在职场上的实际表现，包括专业知识的应用能力、工作技能、团队协作能力、创新能力等多方面的情况，这些都是高校教育中难以直接评估的内容。

用人单位评价还能促进高校与社会的互动合作。通过建立与用人单位的紧密联系，高校不仅可以获得关于教育成果的评价反馈，还可以与用人单位共同参与人才培养过程，如合作开设实习基地、共同开发课程项目等。这种合作模式不仅能够提高教育的实践性和应用性，还能够增强学生的实践能力和就业前景。

二、设定多维评估反馈角度

2020年发布的《深化新时代教育评价改革总体方案》强调了过程评价、增值评价和综合评价的重要性，并提出了通过信息技术提升教育评价科学性、专业性和客观性的策略。对于高校学前教育专业而言，这一方案指引了实践教学评价的新方向：强化过程导向，全面评价学生的实践教学过程，旨在促进学生全面成长并不断优化教学活动。在此背景下，对学前教育专业实践教学的评价应遵循"学生中心、过程导向、持续改进"的原则。这意味着评价体系需要关注学生实践活动的全过程，而不仅仅是结果。通过综合考量学生在实践活动中的表现、进步和反思，评价不只是对学习成果的认定，更是推动学生个人发展和教学质量提升的重要手段。

（一）基于"互联网＋评价"新态势，构建"全员、全过程、全方位"评价体系

在现代教育体系中，"互联网＋评价"的新态势为学前教育专业实践教学评价提供了全新的视角和方法。通过运用大数据、云计算、移动互

第五章　学前教育专业实践教学评价反馈体系的健全与完善

联网等现代信息技术，可以构建一个"全员、全过程、全方位"的评价体系，实现对学生实践活动和教学成果的全面、实时、动态监控和评价。基于"一生一评，全程评价"的理念，该评价体系强调每位学生的实践教学过程都应得到持续的关注和评价，确保评价的连续性和系统性。借助大数据技术，可以收集和分析学生在不同实践课程中的表现数据，从而为学生提供个性化、精准的学习反馈和指导。

"全员参评，智慧析评"的评价原则突出了评价主体的多元化和评价方法的智能化。除了教师和学生，家长、企业和社会各方也能参与到评价过程中，共同对学生的实践能力进行客观评估。通过智能化评价工具，如在线评价系统、移动端应用等，评价过程更加高效、方便，评价结果更加公正、客观。

该评价体系还注重评价内容和场域的多样性，根据不同的实践课程类别和学习目标，设计相应的评价指标和评价场景，确保评价的针对性和实用性。学生可以通过可视化的数据反馈，直观地掌握自己的学习进度和成果，及时调整学习策略。通过实现评价结果与过程的有机结合、内外部评价的有效融合、自我与他评的互补性、线上与线下评价的无缝对接，这一体系不仅为学前教育专业实践教学的优化和学生实践能力的提升提供了强有力的支持和保障，也为高等教育评价体系的创新与发展贡献了新的思路和方案。

（二）实时反馈评价信息，建立动态评价与改进机制

在高校学前教育专业实践教学体系中，实现学生专业成长的根本价值和"立德树人"的教育目标，需要突破传统完成任务式的评价思想，避免将实践教学评价沦为形式主义的工具。建立动态评价机制，将评价过程融入教学的每一个环节。这不仅仅是对最终成果的评价，更重要的是对学生在学习过程中的表现进行持续的观察和评价。这种评价方式能

够及时捕捉学生在实践教学中的行为、态度和能力展现，不仅为教师提供了针对性指导和干预的依据，也为学生自我反思和改进提供了及时的反馈。实时反馈评价信息是动态评价机制的核心。通过利用现代信息技术手段，如在线评价系统、移动应用等，教师可以实时收集和分析学生的学习数据，包括学生的学习进度、技能掌握情况、参与度等，并基于这些信息提供即时反馈。这种实时反馈不仅能够帮助学生及时调整学习策略，克服学习中的障碍，还能激发学生的学习兴趣和积极性，促进其专业技能和素养的全面发展。

建立"做—评—思—教"的四步循环动态评价机制，其中"做"代表学生的实践活动，"评"是对这些活动的即时评价和反馈，"思"是学生根据反馈进行的自我反思和总结，"教"则是教师基于评价和反思提供的进一步指导和教学。这种循环机制不仅增强了教学的针对性和实效性，也促使教学过程成为一个互动、反馈和改进的连续循环，有利于学生专业技能和职业素养的持续提升。

（三）实践教学三大课程模块角度

基于成果导向教育理念，实践教学的考核评价体系应当立足学生在完成实践学习后所获得的保教实践能力。实践教学三大课程模块，即课程实践、专业实践（教育见习和教育实习），以及科学研究（毕业论文）的考核评价都应以学生需要获得的各项保教实践能力为参考。每一模块都承担着不同的教育任务和目标，其考核评价也应遵循各自的原则和标准，以确保评价的公正性、合理性和科学性。

对于课程实践模块，考核评价应侧重学生在实践活动中的参与度、实践技能的掌握程度以及实践过程中问题解决能力的展现。教师应根据学生完成实践任务的实际情况，给出具体的实践学习成绩，并合理确定其在课程总成绩中的比重。这种评价方式能够鼓励学生更加积极地参与

第五章 学前教育专业实践教学评价反馈体系的健全与完善

到课程实践中，通过实际操作提升专业技能。

专业实践（教育见习和教育实习）的评价，则更应注重过程性评价的运用。由于这一模块直接关联到师范生将来的教学实践，因此，评价的关键在于监测学生在专业实践过程中能力的提升和职业素养的形成。过程性评价不仅涵盖了学生实习期间的表现和成果，还包括了学生对实习经历的反思和总结，以及教师对学生实习过程中指导和支持的效果评价。

科学研究（毕业论文）的评价，更侧重学生能否将理论知识与实践问题结合，运用科学研究方法探究幼儿园工作中的实际问题，并提出创新的解决策略。这一评价旨在引导学生关注幼儿园实际工作中的挑战，通过科学研究的方法来指导实践，进一步提升保教实践能力。

三、健全评价结果的反馈机制

在数字时代背景下，利用信息化手段建设的质量监测与评价系统，通过对各项数据的综合分析，为学前教育专业人才培养质量提供实时、全面的反馈。构建信息化的实践教学质量监测与评价系统是实现评价结果有效反馈的基础。该系统将所有与学前教育专业人才培养相关的数据进行集成上传，利用大数据分析技术进行多维度、多层次的分析，通过数据报表和图表直观展现教育质量的现状和趋势。这不仅能够为学校管理层提供决策支持，还能为教师提供教学改进的参考，促进教育教学活动的质量持续提升。评价结果反馈机制的建立应遵循及时性原则、客观性原则与规范性原则。高校需要建立标准化的人才培养质量报告制度，定期向社会公布学前教育专业人才培养质量的年度报告，确保信息的公开透明。这样的做法不仅能够保障社会各界对教育质量的知情权，也有助于形成正确的教育质量观，为学校和教师提供科学化的改进意见和建议。

评价结果反馈机制的完善还需引入形成性评价和过程性评价，这两种评价方法相比于仅关注最终成果的传统评价，更重视学生在整个学习周期内的持续表现和成长。形成性评价和过程性评价着重于监控学生的学习进度，识别学习过程中遇到的问题，并提供即时的反馈和必要的支持，从而鼓励学生主动参与学习过程，进行自我评估和自我调整。形成性评价和过程性评价强调的是学习过程的重要性，认为学习是一个连续的、动态的过程，而不仅仅是达到某个最终目标的手段。这种评价方式鼓励学生正视学习过程中的挑战和困难，重视每一次尝试和改进的价值，培养学生面对失败和挑战时的韧性和解决问题的能力。

第三节　持续改进机制

一、为实践教学的评价反馈建立持续改进的激励机制

在构建学前教育专业实践教学体系中，评价反馈环节起着至关重要的作用。为了保证实践教学评价反馈体系的有效性和持续改进，建立一个全面的激励机制显得尤为重要。这种激励机制旨在鼓励所有参与方，包括教师、学生、管理人员及实践基地等都积极参与到实践教学的评价与反馈过程中，从而促进整个体系的不断优化和发展。这种激励机制不仅包括物质奖励，更重要的是精神奖励和职业发展上的鼓励。物质激励可以通过提供研究经费、改善教学条件、奖学金等形式体现。精神奖励则可以通过公开表彰、职称晋升、教学成果展示等方式来实施。这样的激励机制能够从多个层面激发各参与主体的积极性，促使他们更加主动地参与到实践教学评价反馈的持续改进过程中。

建立激励机制的关键在于实现各方利益的均衡和谐。高校与相关政

第五章　学前教育专业实践教学评价反馈体系的健全与完善

府部门应制定明确的政策，确保评价反馈机制的公平、公正和透明。这要求高校内部建立一套完善的评价体系，包括教学质量评价、学生满意度调查、同行评审等多维度的评价方法。同时，需要确保评价的结果能够及时反馈给相关教学主体，形成闭环管理，以便他们能够根据反馈结果进行教学调整和改进。

激励机制还应该鼓励创新和尝试。在实践教学中，教师和学生应该被鼓励去尝试新的教学方法和学习方式，即使这些尝试可能不会立即成功。高校和政府部门可以为这种创新尝试提供必要的支持和保障，如设立专项基金支持教学创新项目，或者为失败的尝试提供"安全网"，确保参与者不因尝试新事物而受到不公平的评价或处罚。

二、依托于数字技术的持续改进

基于数字技术的实践教学评价反馈体系持续改进，意味着利用信息技术手段收集、分析和利用教学评价数据，以此为基础对实践教学活动进行调整和优化，实现教学质量的持续提升。数字技术的应用能够实现教学评价数据的高效收集和管理。通过不同工具，可以方便地收集学生的学习行为数据、学习成果数据以及学生对教学的反馈信息等。这些数据的实时性和全面性，为教师提供了更为丰富和细致的教学反馈，有助于教师全面了解学生的学习状况和教学效果。利用大数据分析和人工智能技术，可以对收集到的大量教学评价数据进行深入分析，识别教学中的问题和不足，发现学生学习的个性化需求和差异。通过数据分析结果，教师可以针对性地调整教学策略和内容，设计更适合学生的学习路径，实现教学的个性化和精准化。

依托数字技术的教学评价反馈体系还可以增强教学评价的互动性和即时性。通过在线互动平台，教师和学生可以实时交流教学反馈信息，学生可以及时了解自己的学习进展和存在的问题，教师也可以根据学生的反馈及时调整教学内容和方法。这种即时的双向交流机制，有助于构建积极主动的学习氛围，提高学生的学习动力和教学的有效性。数字技术还为教学评价反馈体系的持续改进提供了技术支持。通过建立动态更新的教学资源数据库、发展在线教师专业发展课程、利用虚拟仿真技术等方式，可以不断地提升教学资源的质量和教师的教学能力，从而推动整个教学体系的持续优化和发展，让实践教学的评价反馈体系得以持续发展。

第六章　总结与展望

第一节　总结与思考

一、学前教育专业实践教学体系构建与实施的关键成功因素

教学理念与方法的创新、校地合作与资源共享的深化，以及"互联网+"技术的融合与应用，是学前教育专业实践教学体系构建与实施的关键成功因素。将这些因素有机结合，不断探索和创新，可以确保实践教学体系的成功实施，促进学生全面发展，培养出适应社会发展需求的高素质幼儿教育人才。

（一）教学理念与方法的创新

在学前教育专业实践教学体系的构建与实施过程中，教学理念与方法的创新是推动教学质量和效果显著提升的核心因素之一。随着社会的快速发展和教育理念的不断更新，传统的以教师为中心、以书本知识为主导的教学模式已经不能完全满足当前学前教育专业人才培养的需求。因此，创新教学理念与方法，如融合成果导向教育理念，探索适合学前教育专业特点的实践教学模式，成为教育改革与发展的重要方向。传统的教学观念往往强调知识的传授和技能的训练，而忽视了学生主体性的培养和创新能力的提升。在成果导向教学理念下，教师应将学生视为教学的主体，注重培养学生的探究精神和创新能力，鼓励学生主动学习和实践探索。同时，教学目标应从单一的知识传授转向综合素质的培养，重视学生情感态度、价值观念等非智力因素的发展。

在实践教学中，可以采用项目式学习、情境模拟、合作学习等多种教学方法，将理论知识与实际操作相结合，提高学生的实践能力和问题解决能力。例如，通过项目式学习，学生可以在完成具体项目任务的过程中，运用所学知识解决实际问题，促进理论与实践的有效融合。情境模拟教学则可以创设接近真实的教育情境，增强学生的情感体验和认知深度，提升学习的效率和效果。传统的以笔试为主的评价方式往往难以全面反映学生的学习成果和实践能力。因此，应引入多元化的评价方法，如自我评价、同伴评价、过程性评价等，从不同维度对学生的学习过程和实践成果进行综合评价，促进学生全面发展。只有不断探索适合学前教育特点的新理念、新方法，才能真正提高教学质量和效果，培养出适应社会需求的高素质幼儿教育人才。这不仅需要教师具有前瞻性的教育观念和不断创新的精神，也需要教育管理者提供充分的支持和保障，共同推动学前教育专业实践教学体系的创新发展。

（二）校地合作与资源共享的深化

校地合作与资源共享的深化不仅有助于高校资源与地方幼儿教育资源的有效整合，也促进了教育资源的优化配置和高效利用，进而提高了学前教育专业实践教学的质量和效果。校地合作，即高校与地方幼儿园（包括公立和私立）、教育行政部门、社区以及其他教育机构之间的合作，是学前教育专业实践教学体系构建的重要组成部分。通过建立稳定而长期的合作关系，可以实现资源共享和互利共赢，共同推进学前教育专业人才培养工作。

地方幼儿园和其他教育机构具有丰富的教学资源和实践平台，高校可以通过与这些机构的合作，为学生提供多样化的实习实训机会，如参与幼儿园的日常教学活动、参与幼儿园的教育项目开发、参与社区的早教服务等。这样不仅可以使学生的实践教学活动更加接近实际工作情境，还可以提高学生的实践能力和职业素养。通过合作，高校可以利用地方幼儿园和教育机构的教育资源和专业知识，不断优化和更新学前教育专业的课程体系和教学内容，使之更加符合当前幼儿教育领域的发展趋势和社会需求。同时，地方幼儿园和教育机构可以借助高校的学术资源和研究成果，提升自身的教育教学水平，实现资源共享和共同发展。

校地合作还可以增强学生的社会实践能力和社会责任感。通过参与地方幼儿园和社区的教育活动，学生不仅可以将所学理论知识应用于实践中，还可以深入了解幼儿教育的社会背景和社会需求，培养自己的社会责任感和服务意识。

（三）"互联网+"技术的融合与应用

在学前教育专业实践教学体系的构建与实施过程中，"互联网+"技术的有效融合与应用，不仅能够极大地丰富教学资源和教学手段，还能有效提高教学效率和教学质量，是学前教育专业实践教学体系构建与实施的关键成功因素之一。

"互联网+"技术的融合与应用能够为学前教育专业实践教学提供丰富多样的教学资源。通过互联网平台，教师和学生可以随时随地访问到大量的教育资源，包括在线课程、教学视频、虚拟实验室、电子图书等，这些资源不仅内容丰富，形式多样，而且更新速度快，能够满足学生多样化的学习需求。此外，"互联网+"技术还可以促进学前教育专业知识的跨界融合，使学生能够接触到跨学科的知识体系，从而拓宽知识视野，增强创新能力。通过建立智能化的教学管理平台，教师可以根据学生的学习特点和需要，提供个性化的学习路径和学习资源，实现教学内容和教学进度的个性化调整。同时，学生可以根据自己的学习节奏和学习兴趣，灵活选择学习时间和学习内容，充分体现了学习的主体性和自主性。

"互联网+"技术的融合与应用能够增强学前教育专业实践教学的互动性和协作性。通过建立在线交流平台，教师和学生可以进行实时的交流和讨论，共享学习经验和学习成果，增强了教学的互动性。同时，"互联网+"技术还可以支持学生之间、学生与教师之间的远程协作,促进学生协作学习和团队合作能力的培养。"互联网+"技术还能够应用于提升学前教育专业实践教学的评价和反馈效率上。通过建立在线评价系统,教师可以及时掌握学生的学习进度和学习效果,为学生提供即时反馈和指导,同时为教学质量的持续改进提供了数据支持。

二、实践教学体系构建与实施中存在的挑战与应对

(一)实践基地方面

在学前教育专业实践教学体系的构建与实施过程中,实践基地的质量与数量直接影响到实践教学的效果和学生实践能力的提升。当前,许多高校在实践基地方面存在着质量与数量不足的问题,这对实践教学的有效进行造成了一定的障碍。针对这一挑战,高校需要采取有效的应对措施,确保实践教学质量和实践教学效果。提高实践基地的质量是解决当前挑战的核心。高校应加强与实践基地的沟通和协调,共同制定实践教学标准和要求,确保实践基地能够提供符合教学需求的高质量实践环境。同时,高校应定期对实践基地进行评估和监督,及时发现问题并协助解决,保证实践基地的教学质量和实践环境满足学前教育专业实践教学的需要。高校应积极探索和发掘潜在的实践基地资源,如与地方教育机构、幼儿园、社区和企业建立合作关系,拓展实践基地的来源。此外,高校还可以通过建立校内实践基地,如模拟幼儿园、实验室等,为学生提供多样化的实践学习机会,满足不同学生的实践学习需求。

高校应加强实践基地的建设和管理,通过科学规划和合理布局,优化实践基地的结构和功能,提高实践基地的利用效率。高校还可以通过建立信息化平台,实现实践基地资源的共享和交流,提高资源利用率,为学生提供更多、更好的实践学习机会。

（二）教师实践教学能力方面

教师是实践教学的主导者和引导者，教师实践教学能力的强弱直接影响到实践教学的效果和质量。针对教师实践教学能力不均衡的问题，高校需要采取有效的应对措施，确保教师能够高效地指导学生完成实践教学任务。提升教师实践教学能力的核心在于加强教师的专业发展和培训。高校应定期组织教师参与实践教学能力提升培训，特别是针对那些实践教学经验不足或实践教学能力较弱的教师，提供定制化的培训计划。这些培训内容应包括最新的教育理论、实践教学方法、案例分析、教学技巧等，通过理论与实践相结合的方式，帮助教师提升其实践教学的综合能力。鼓励教师之间的交流与合作，通过建立教师学习社区或工作坊，促进教师之间的知识共享和经验交流。高校可以组织优秀教师分享其实践教学的经验和案例，为其他教师提供学习和借鉴的机会。此外，通过教师之间的合作教学项目，也能有效提升教师的实践教学能力。

高校应建立科学合理的教师实践教学评价体系，将教师的实践教学能力和实践教学成果作为教师评价和晋升的重要依据。同时，对于在实践教学中表现优异的教师，应给予适当的物质和精神奖励，激励更多教师积极参与实践教学，不断提升实践教学能力。强化实践基地与高校之间的合作，利用实践基地的资源和平台，为教师提供实际操作和指导实践的机会。通过教师定期到实践基地参与教学指导和研究活动，不仅能够提升教师的实践教学能力，也有助于教师更好地理解实践教学的需求和特点，提高教学的针对性和有效性。

（三）实践教学评价机制的不完善及应对措施总结

在高校学前教育专业实践教学体系的构建与实施中，实践教学评价机制的不完善是一大挑战。有效的评价机制是实践教学成功的关键，它

第六章 总结与展望

能够为教学活动提供反馈，指导教学改进，促进学生能力的全面发展。然而，实践教学评价机制往往存在着评价内容单一、评价手段有限、反馈机制不明确等问题，这些问题直接影响了实践教学的质量和效果。针对这些问题，需要采取有效的应对措施，建立一个科学、全面、有效的实践教学评价体系。首先应从评价内容的多元化入手，构建全面评价体系。传统的实践教学评价往往过于侧重学生的技能掌握情况，而忽视了对学生创新能力、团队协作能力、问题解决能力等软能力的评价。因此，高校应当建立包含知识、技能、情感态度和价值观等多维度的评价指标体系，确保评价内容的全面性和多样性。这不仅能够促进学生全面能力的提升，也有助于教师全方位了解学生的学习情况，为教学改进提供依据。

随着信息技术的发展，利用数字化工具进行教学评价已成为可能。高校可以利用在线平台、虚拟仿真等技术手段，对学生的实践活动进行记录和评价，实现过程性评价和形成性评价的结合。此外，引入同行评价、自我评价等互动式评价方法，也能够增加评价的互动性和参与性，激发学生的学习热情和主动性。

评价结果的反馈对于学生的学习动力和教师的教学改进都至关重要。因此，高校需要建立明确、及时、具体的评价反馈机制，确保评价结果能够快速反馈给学生和教师。同时，建立评价结果申诉和复核机制，保障评价的公正性，增强学生对评价结果的认可度。实践教学评价的有效性很大程度上依赖于评价人员的专业素养和评价能力。因此，高校应定期对参与实践教学评价的教师、辅导员等评价人员进行培训，提升他们的评价理念、评价技能和信息技术应用能力，确保评价过程的科学性和有效性。

第二节　实践教学体系的未来展望

一、教育技术的融合与创新

在当前教育领域，技术创新与教育实践的深度融合已成为推动教育发展的关键因素之一。尤其是元宇宙、人工智能（AI）及机器人等先进技术的出现，为学前教育专业实践教学体系带来了前所未有的机遇和挑战。这些技术不仅能够促进教育模式的创新，还能有效提升教学效果和学习体验，是教育技术融合与创新的重要方向。

（一）元宇宙的融入

元宇宙作为近年来兴起的一种创新技术，正在教育领域展现出其独特的价值和潜力，如图6-1所示。在学前教育专业，元宇宙技术的应用不仅打破了传统教育的空间限制，还为学生和教师提供了一个全新的、沉浸式的学习和教学环境。通过构建虚拟化的学前教育场景，元宇宙技术能够极大地丰富学生的学习体验，不仅可以激发学生的学习兴趣，也为教师提供了一个广阔的教学创新空间。

图6-1　"融入元宇宙，遇见新未来"

元宇宙技术的核心优势在于其沉浸式的互动体验。在这个虚拟世界中，学生可以通过自己的虚拟化身以第一人称的视角参与到各种学前教育活动中，如通过虚拟幼儿园的参观来了解幼儿园的日常运营，或者通过角色扮演的方式体验教师的职责和工作流程。这种沉浸式体验能够让学生在享受学习乐趣的同时，更深刻地理解和掌握学前教育的相关知识和技能。

元宇宙技术为学前教育专业提供了创新的教学资源和工具。教师可以在元宇宙中创建具有教育意义的虚拟场景和活动，如设计针对特定教学目标的虚拟游戏、模拟幼儿行为观察的场景等。这些资源和工具不仅可以增加教学的趣味性和互动性，还可以根据学生的学习情况和需求进行个性化调整，从而实现更加有效的教学策略。元宇宙技术还促进了学生学习路径的多元化。在这个虚拟的教育环境中，学生可以自主选择学习内容和活动，根据自己的兴趣和学习速度进行探索和学习。这种学习方式不仅增强了学生的主动学习能力，还能够帮助学生建立起对学前教育专业更为全面和深入的认识。

（二）人工智能技术的应用

随着科技的进步，人工智能技术在教育领域的应用日益广泛，其在学前教育专业中的潜力和影响力日益显现。通过智能化的学习分析、教学管理、智能评估以及丰富多元的学习资源，人工智能技术不仅能够提升教育质量和学习效率，还能够为学前教育专业的教学和学习提供更加个性化、智能化的支持。未来，随着人工智能技术的不断进步和应用的深入，其在学前教育专业中的作用将更加凸显，为学前教育领域带来更多创新和变革，如图6-2所示。

（a）AR 互动教室 　　　　　　　（b）AR 体验

图 6-2　人工智能技术在教育中的应用

　　人工智能技术能够通过智能分析学生的学习数据，对学生的学习习惯、能力水平及其进步速度等进行深入分析。这种基于大数据的智能分析，使教师能够根据分析结果为每位学生制定更为精确和个性化的学习方案。与传统的"一刀切"式教学相比，这种方法能够更好地满足每位学生的个性化学习需求，提升学习的有效性和针对性。通过对学生学习成果的智能评估，教师可以及时了解学生的学习状况和存在的问题，进而提供针对性的辅导建议。这种实时的反馈和指导不仅能够及时纠正学生的学习偏差，还能够促进学生的自我学习和自我提升。

　　人工智能技术的应用还体现在教学管理上。AI 教师助手能够辅助教师处理大量重复性的教学管理工作，如自动记录学生出勤、作业批改等，从而减轻教师的工作负担。这不仅提升了教学工作的效率，也使教师能够把更多的时间和精力投入对学生个性化发展和创新能力培养上。通过智能教育平台，学生可以接触到更多样化的学习资源，如互动游戏、模拟场景等，这些内容不仅丰富了学习内容，也增加了学习的趣味性和互动性，有助于提升学生的学习动力和积极性。

（三）教育数字人的加入

随着教育技术的飞速发展，教育数字人将会成为学前教育实践教学的重要组成部分。这些先进的教育工具不仅改变了传统的教学模式，还为学生提供了更为直观和互动的学习体验，如图6-3所示。

图6-3 教学中的AI数字人

通过引入教育数字人，学前教育专业的实践教学不仅能够更加生动有趣，还能够更加高效和精确地传授知识和技能，从而大幅提升了教学的质量和学生的学习效果。教育数字人作为教学辅助工具，能够通过各种游戏和任务驱动的方式激发学生的学习兴趣。这种基于游戏的学习方法，能够让学生在轻松愉悦的环境中掌握知识，从而提升学习的积极性。例如，通过编程教育数字人完成特定任务，学生不仅能够学习编程的基本概念，还能够理解与幼儿教育相关的核心理念，如合作、沟通等。

教育数字人还可以在特定的教育场景中承担一定的教学和互动任务。例如，在模拟幼儿行为观察的活动中，教育机器人可以模拟幼儿的各种行为，为学生提供观察和分析的对象。这种模拟活动，不仅能够让学生在实践中深入理解幼儿行为的特点，还能够训练学生的观察力和分析能力。教育数字人能够参与教学活动，如讲故事、唱歌、跳舞等，这些活动不仅丰富了教学内容，还增加了教学的互动性和趣味性。通过与机器人的互动，学生能够在实践中加深对学前教育理论的理解，并且能够在实际操作中掌握相关的教育技能。

教育数字人的引入还为学前教育专业的实践教学提供了更多的可能性。随着技术的不断进步，教育机器人的功能将会更加丰富，能够更好地适应不同的教学需求和场景。这不仅能够为学生提供更多样化的学习资源和环境，还能够促进学生的全面发展，培养学生的创新思维和问题解决能力。

教育技术的有效融合与持续创新，要求教育者持续探索新的教学方法和实践途径。高等教育机构与科技企业之间的紧密合作，对开发符合学前教育专业需求的教育技术产品和解决方案至关重要。这种跨界合作不仅能够促进教育资源和科技创新的深度融合，还能为学前教育专业提供更多元化的教学工具和平台，从而丰富教学内容，提高教学效率。教育机构必须重视教师的技术培训和专业成长，确保教师能够掌握并有效应用最新的教育技术。通过定期组织技术研讨会、工作坊和在线培训课程，不仅可以增强教师的技术自信心和创新能力，还可以激发教师在教学设计和实施过程中的积极性和创造性。教师的持续专业发展是推动学前教育专业实践教学体系创新与发展的关键，通过教师的专业成长，可以确保教育技术的有效融合和应用，为学生提供更加丰富和高质量的学习体验。

二、国际化视角下的实践教学体系建设

在经济全球化的背景下，学前教育专业的实践教学体系建设需要融入国际化视角，以培养具有国际视野和跨文化交流能力的幼儿教育工作者。国际化视角下的实践教学体系建设，不仅需要引入国际先进的教育理念和实践经验，还要加强与国际教育机构的合作，为学生提供跨国实践学习的机会。

（一）注重国际化视角下的教育内容和教学方法的多元化

教育机构可以将国际先进的幼儿教育理念、教育政策和教育实践经验融入课程内容中，这意味着在课程设计时，要积极引入国际认可的幼儿教育标准和评价体系，例如，参考联合国教科文组织（UNESCO）或世界学前教育组织（OMEP）的教育指导原则，确保教育内容的国际性和前瞻性。通过这种方式，学生不仅能够学习到最新的国际幼儿教育动态和研究成果，还能够了解不同国家和文化背景下的教育实践，增强其跨文化理解和适应能力。增加跨文化教育内容，是实现教育内容多元化的重要手段。这包括设计涉及国际背景的教学案例、讨论国际幼儿教育问题和趋势、开展国际幼儿园的虚拟访问等。通过这些活动，学生可以更直观地感受到不同国家和地区在幼儿教育方面的异同，增进对全球幼儿教育领域的理解和认识，为将来在更广阔的教育舞台上工作打下坚实的基础。

教育机构还应鼓励和支持师生参与国际交流与合作项目，如国际研讨会、学术交流、海外实习等。通过这些国际交流活动，学生和教师不仅能够获得宝贵的国际教育经验，还能够与来自不同国家的教育工作者交流幼儿教育的理念和方法，拓展国际合作的网络，促进国际化教育资源的共享和利用。

（二）强化国际交流与合作

在经济全球化日益发展的今天，国际交流与合作已成为教育发展的必然趋势，对高等教育机构特别是学前教育专业而言，通过强化国际交流与合作，可以为学生提供更为广阔的学习平台，促进其全面而深入地了解世界各国的教育理念和实践方式，从而在经济全球化背景下培养出具有国际视野的幼儿教育人才。高校可以与海外教育机构建立稳固的伙伴关系，这包括但不限于国外的高等教育机构、幼儿教育研究所以及各类幼儿园等。通过这种伙伴关系，可以实现资源共享和互惠互利，为师生提供更多的交流机会。例如，学校可以定期安排师生参加国际教育会议、研讨会和工作坊，不仅增加学生对国际幼儿教育前沿知识的了解，也能够增强学生的学术交流能力和国际合作能力。

安排学生在国外幼儿园进行实习和实践学习是一种有效的国际交流方式。通过实地参与国外的幼儿教育活动，学生可以直接观察和体验不同国家和文化背景下的幼儿教育模式和教学方法，从而开阔视野，提升跨文化交流和适应能力。此外，这种实践学习方式还有助于学生理解国际幼儿教育的共性和差异，为其未来在多元文化环境中开展教育工作奠定坚实基础。国际交流活动还可以帮助学生建立起国际网络。在参与国际会议、研讨会等活动时，学生有机会与来自不同国家的教育工作者、学者交流，这不仅有助于学生积累国际幼儿教育资源，还能够为其未来的职业发展提供更多的机会和可能性。通过这种方式，学生可以在国际教育领域建立起广泛的联系，为日后的工作和研究提供支持。

（三）师资队伍的国际化建设

国际化的师资队伍不仅能够带来多元化的教育理念和教学方法，还能为学生创造一个跨文化交流和学习的环境，为培养具有国际视野和跨文化竞争力的幼儿教育人才奠定基础。通过定期组织教师参加国际教育培训和研修，可以有效地提升教师的跨文化交流能力和对国际教育理念的理解与应用。教师的国际化培训不仅限于语言能力的提升，更重要的是加强教师对全球教育趋势的认知，了解不同文化背景下的教育实践和创新教学方法。这种培训可以通过参与国际会议、工作坊、短期访学等形式进行，使教师能够直接接触到国际教育领域的前沿知识和实践经验。高校还应鼓励教师参与国际合作研究。通过与国外高校和研究机构的合作项目，教师可以参与到跨国界的教育研究中，不仅能够拓宽教师的国际视野，还能促进教师在专业领域内的学术成长和创新能力的提升。国际合作研究不仅为教师提供了一个学习和交流的平台，还为学生提供了丰富的国际教育资源和实践机会。

高校需要引进具有国际背景的教育专家和学者。邀请国外的知名教育专家和学者来校举办讲座、研讨和教学活动，不仅能够丰富学生的国际教育资源，还能促进本校教师的学术交流和职业发展。这些活动有助于教师直接从国际教育专家那里获取先进的教育理念和教学技巧，增强教师的国际化教育能力。高校在推进师资队伍国际化的同时，应关注教师跨文化教育能力的发展。通过专门的培训和实践活动，如跨文化沟通技巧训练、多元文化教室管理等，帮助教师更好地适应和参与国际化教育环境，有效地指导和激励学生探索国际教育领域，培养学生的跨文化理解能力和全球竞争力。

三、创新创业教育的加强

创新创业教育的加强是学前教育专业实践教学体系构建与实施的重要方向。加强创新创业教育不仅能够培养学生的创新意识和创业能力，还能促进学生对学前教育领域未来发展的洞察力和领导力。通过创新的课程设置、开放的实践平台、风险意识的培养以及持续的学习支持，可以有效提升学生的创新创业能力，为学前教育领域培养出更多具有前瞻性和领导力的优秀人才，如图6-4所示。

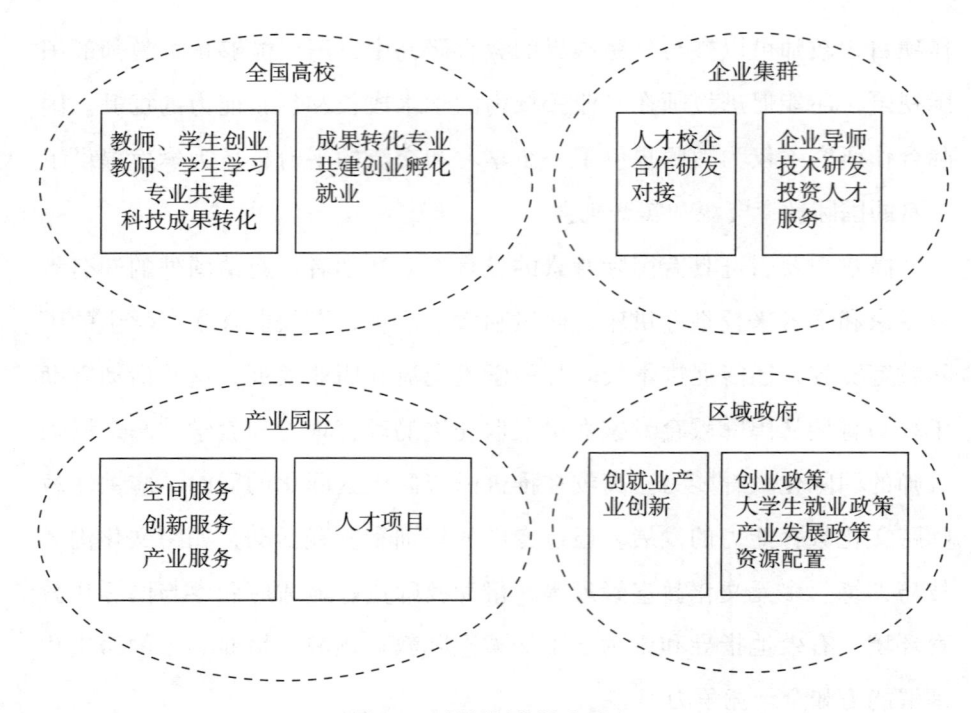

```
┌─ 全国高校 ─┐         ┌─ 企业集群 ─┐
│ 教师、学生创业  成果转化专业 │   │ 人才校企   企业导师  │
│ 教师、学生学习  共建创业孵化 │   │ 合作研发   技术研发  │
│ 专业共建        就业        │   │ 对接       投资人才  │
│ 科技成果转化                │   │            服务      │
└────────────┘         └────────────┘

┌─ 产业园区 ─┐         ┌─ 区域政府 ─┐
│ 空间服务               │   │ 创就业产   创业政策   │
│ 创新服务    人才项目   │   │ 业创新     大学生就业政策 │
│ 产业服务               │   │            产业发展政策 │
│                        │   │            资源配置    │
└────────────┘         └────────────┘
```

图 6-4　创新创业校企融合

（一）课程设计中融入创新创业教育元素

为了培养具备高度竞争力和适应能力的学前教育人才，高等教育机构需要在课程设计中深度融入创新创业教育元素，构建一个与时俱进、面向未来的教学体系。高校在课程设置中融入创新创业教育元素，应确保这些课程和项目既有广度又有深度。在广度上，课程内容不应仅限于基础的创新思维训练和创业基础知识，还应涵盖学前教育行业的市场分析、政策解读、项目管理等实际应用知识，以及跨学科的学习元素，如心理学、社会学、管理学等，以提供一个全方位的知识体系。在深度上，课程和项目设计应注重实践性和问题解决能力的培养。通过案例研究、模拟企业运营、实际创业项目规划与实施等形式，使学生能够在真实或接近真实的环境中应用所学知识，面对和解决实际问题。例如，设计一个以学前教育为背景的创业项目，让学生从零开始，进行市场调研、商业模式设计、财务规划、团队管理等一系列创业过程，既培养了学生的综合素养，也提高了其应对复杂问题的能力。

高校还应重视创新创业教育与专业知识的深度融合。在学前教育专业中融入创新创业教育元素，意味着要将创新思维和创业精神与幼儿教育的专业知识和技能紧密结合。通过设计一些专题课程，如"学前教育机构运营与管理""幼儿园品牌建设与营销""教育科技应用"等，让学生在掌握学前教育专业知识的同时，能学习如何在学前教育领域进行创新和创业。高校在课程设计中融入创新创业教育元素的过程中，还需强调师资队伍的建设和教学方法的创新。教师应具备相关的创新创业知识和实践经验，能够为学生提供指导和激励。

（二）构建开放的创新创业实践平台

构建开放的创新创业实践平台是高等教育机构推动学前教育专业学生创新创业能力提升的重要策略。在当前经济社会发展和教育改革的背景下，高校应致力打造一个集知识传播、技能培训、实践体验于一体的综合性创新创业平台。该平台的建设旨在为学生提供一个将理论知识应用到实际创新创业活动中的场所，从而激发学生的创新精神和创业动力，增强其实际操作能力和市场应对能力。高校应通过与企业、投资机构以及创业孵化基地的紧密合作，建立校内外的创新创业孵化平台。这些平台不仅提供必要的物质资源，如场地、资金、技术等，还为学生提供专业的创业指导和市场分析，帮助学生深入了解行业动态，精准定位创业项目，有效规避创业风险。高校应搭建一个开放的信息交流平台，收集和发布创新创业相关的信息和资源，包括创业指导、政策法规、市场分析等，为学生提供全方位的创业支持服务。通过这个平台，学生可以及时获取最新的创业信息，找到合作伙伴，寻求外部资源，增加创业成功的可能性。

高校还应加强创新创业教育与专业教育的融合。通过课程改革，将创新创业教育内容融入学前教育专业的课程体系中，让学生在学习专业知识的同时，能够掌握创新思维和创业技能。此外，通过案例教学、项目式学习等教学方法，让学生在实践中学习，在学习中实践，最终达到"学以致用"的教育目标。高校可以定期举办创新创业竞赛和活动，为学生提供展示自己创意和项目的机会。这些活动不仅能够提升学生的实践能力和团队协作精神，还能够吸引校外的企业和投资者关注，为学生的创新创业项目提供资金和资源支持的可能性。

构建开放的创新创业实践平台需要高校、企业、政府等多方面的共同努力，为学前教育专业学生创造一个有利于创新创业的良好生态系统，进一步推动学前教育专业的发展和学生个人职业生涯的成长。

（三）学生韧性的培养

在创新创业教育的过程中，学生面临的不仅是知识和技能的学习，更多的是在未来职业生涯中遇到挑战时的心理准备和应对能力。因此，高校在推动创新创业教育时，应重视风险意识和失败容忍度的培养，以此提升学生的韧性，使其能够在未来的教育和创业活动中展现更高的适应性和持久性。

高校应在课程设计和教学内容中强调韧性培养的重要性，将其纳入学生的职业生涯规划和个人发展计划中。通过课程学习、讲座、研讨会等形式，引导学生认识到在职业生涯中遇到挑战和失败是正常现象，关键在于如何面对和克服这些困难，以及如何从中学习和成长。教师在教学过程中应穿插创业失败案例的分析和讨论。通过剖析失败的原因、过程以及应对措施，让学生了解创业过程中可能遇到的挑战和困难，培养学生面对失败的勇气和正视失败的态度。这种教学方法能够帮助学生认识到失败是成功的必经之路，鼓励他们在面对失败时能够坚持不懈，从失败中吸取教训，积累经验。

高校应通过模拟创业环境和挑战，为学生提供一个接近真实的创业体验平台。在这样的模拟环境中，学生可以尝试自己的创业想法，面对模拟的市场反馈和挑战，学习如何做出快速反应和调整策略。这种实践活动不仅能够提升学生解决问题的能力，还能够在安全的环境中增强学生的风险意识和失败容忍度，从而培养其韧性。

高校还应建立一个全面的支持体系，为学生提供心理辅导和职业指导，帮助学生建立正确的创业观和职业观，提升他们的心理韧性。通过定期组织心理健康讲座、心理咨询服务以及职业生涯规划指导，帮助学生更好地理解自我，有效管理自己的情绪和压力，从而在面对挑战和失败时能够保持积极向上的态度。

（四）持续的学习和全面成长支持

在加强创新创业教育的过程中，高校必须提供给学生持续的学习和全面成长的支持。这种支持不仅包括学术和专业方面的指导，还应该涵盖心理健康、职业规划等多维度的支持。这种全方位的支持体系对学生来说至关重要，它不仅能够帮助学生在创新创业的道路上走得更远，更能够促进学生的个人成长和职业发展。

1.提供创业导师一对一指导是加强创新创业教育的重要环节

这些导师既可以是具有丰富理论知识的校内专家学者，也可以是在创业实践中积累了宝贵经验的校外成功企业家或行业领袖。通过这种一对一的辅导模式，学生能够在创业旅程中获得更为精准和个性化的指导和支持。导师不仅能够提供专业的商业策划、市场分析、风险管理等方面的建议，还能够根据学生的个人兴趣和特点，提供定制化的职业规划和发展建议。这种深入的交流和指导能够帮助学生在面临创业过程中的挑战、选择和困惑时做出更为明智的决策。一对一的导师指导不仅关注学生的创业技能和知识学习，更注重培养学生的创业精神、创新思维和持久毅力。通过与导师的互动和学习，学生可以从导师的创业经历中吸取经验，学习如何面对失败与挑战，如何在变化莫测的商业环境中保持冷静和灵活，如何激发内在的创业激情和驱动力。

2.组织创业沙龙和讲座不仅是激发学生创新创业热情的有效途径，也是建立学生对创业世界认识的重要平台

通过定期邀请校外成功的创业者、投资人和行业专家来校内分享他们的创业故事、挑战、心得以及对行业的深刻见解，学生能够直接从实践者那里获取第一手的信息和经验。这种互动和沟通不仅能够激发学生的创业灵感，增强他们的实践动力，更能帮助学生建立一个更为广泛的行业联系网，为他们日后的创业或职业发展铺平道路。创业经验分享会作为一个交流平台，让学生有机会近距离接触那些在创业旅程中经历过风风雨雨的前辈，理解创业过程中的种种困难和挑战，以及如何面对和解决这些问题。这些活动不仅让学生对创业有了更加真实和全面的认识，也强化了他们面对未知和困难时的心理准备和解决问题的能力。这些沙龙和讲座提供了一个互动和反馈的环境，学生可以在此提问和讨论，与讲师进行深入交流，甚至可能获得潜在的导师或合作伙伴。这种开放式的学习和交流方式，不仅为学生提供了宝贵的学习机会，也激发了他们对创新和创业的热情，鼓励他们勇敢地追求自己的梦想。

3.建立完善的创新创业教育评价体系是提升教育质量的关键

这种评价体系需要全面反映学生在创新创业过程中的能力发展水平，不仅包括学生的创新思维能力、项目规划和实施能力，还应涵盖团队协作能力、领导力、决策能力等关键素养。通过设定清晰的评价标准和指标，教育机构可以对学生在不同阶段的表现进行量化分析，从而为学生

提供具体的反馈和建议，帮助他们明确自身的优势和改进领域。创新创业教育评价体系还应采取多样化的评价方法，如自我评价、同伴评价、导师评价以及项目成果评价等，确保评价结果的客观性和全面性。通过定期的评估，学生不仅能够在专业知识和技能上获得成长，也能在解决实际问题、团队合作和社交能力等方面得到提升。这种持续的评价和反馈机制能够激励学生保持学习的积极态度，鼓励他们勇于探索和尝试，不断挑战自我。

评价体系的一个重要方面是提供及时的、建设性的反馈。这意味着教师和导师需要及时跟踪学生的进展，提供具体、操作性强的反馈和改进建议。这种及时反馈不仅可以帮助学生在学习过程中及时调整和优化自己的学习策略，还能增强学生的学习动机和自信心。为了确保创新创业教育评价体系的有效实施，高校还需要为教师和学生提供相应的培训和资源支持，确保所有参与者对评价体系有充分的理解和认同。通过持续优化评价体系，建立一个支持性和鼓励性的学习环境，高校可以有效促进学生的全面发展，为他们成为未来的创新者和创业者奠定坚实的基础。

4. 为学生提供全面的心理和职业发展支持

面对创业过程中的挑战、失败和不确定性，学生很可能会遇到压力、焦虑和挫败感等心理问题。为了帮助学生建立积极的心态、健康的心理状态以及明确的职业发展方向，高校应当建立一个综合支持体系。这包括设立心理咨询中心，提供专业的心理咨询服务，帮助学生解决心理障碍；定期组织职业规划讲座和工作坊，引导学生进行自我探索，明确职业目标和规划路径；开展心理健康教育活动和压力管理讲座，教授学生有效的压力缓解技巧和情绪调节方法。在此基础上，高校还应提倡积极的校园文化，鼓励学生之间的相互支持和正面激励，形成一个互帮互助的学习社群。通过建立学生创业俱乐部或者创业学习小组，学生可以分享自己的创业想法和经验，相互学习，相互鼓励，从而减轻单独面对挑战时的心理压力。同时，高校还可以引入创业导师制度，邀请经验丰富的企业家或行业专家作为学生的导师，为学生提供实战经验的分享、创业指导和心理支持，帮助学生在遇到困难和挑战时能够找到正确的解决方法和心理调适方式。

通过上述多元化的心理和职业发展支持服务，高校不仅能够帮助学生建立健全的心理状态，有效应对创业过程中可能遇到的各种挑战，还能够引导学生进行深入的职业规划，激发他们的职业潜能，促进学生在创新创业领域的全面成长和职业发展。这种全方位的支持对于培养具有国际视野、创新精神和实践能力的复合型人才至关重要，为学生的未来职业生涯奠定坚实的基础。

参考文献

[1] 李娟.OBE 理念下学前教育专业实践教学体系的构建 [J]. 教育教学论坛，2023（39）：173-176.

[2] 李林慧，钱源伟.基于 OBE 理念的学前教育专业实践课程重构 [J]. 教育发展研究，2022，42（6）：24-30.

[3] 王晓典，田文君，陈桂香，等.成果导向教育的理论内涵及对高职教育改革的启示 [J]. 职业技术教育，2018，39（8）：26-31.

[4] 杨剑，赖富明，赵敏，等.OBE 教育理念下应用型本科高校学生教学信息员制度的探索 [J]. 教育进展，2024，14（2）：1293-1297.

[5] 韦冬余.创生性课程与教学：创生取向课程实施与探究教学论 [M]. 武汉：华中师范大学出版社，2012.

[6] 王昌海，陶斐斐，等.中国教育信息化研究 [M]. 贵阳：贵州人民出版社，2009.

[7] 周小艺."1+X"证书制度下高职学前教育专业实践教学体系的构建策略 [J]. 对外经贸，2022（6）：140-143.

[8] 苏生琦.需求导向下高校学前教育专业实践教学体系构建 [J]. 知识窗（教师版），2023（7）：126-128.

[9] 李慧敏.高校学前教育专业实践教学体系的构建路径 [J]. 品位·经典，2023（20）：164-167.

[10] 林银珠. OBE 理念下学前教育专业"课赛融合"教学改革与实践 [J]. 产业与科技论坛，2023，22（8）：153-154.

[11] 高闰青. 高师院校教学改革与实践 [M]. 徐州：中国矿业大学出版社，2013.

[12] 宣暄，戚灿灿. 影响高校学前教育专业体育实践教学体系构建的相关因素分析 [J]. 商丘师范学院学报，2022，38（12）：99-101.

[13] 张钡. 幼儿园科学教育创新活动存在的问题及对策 [J]. 才智，2016（3）：144，146.

[14] 张菊梅. 基于 OBE 理念的高校学前教育改革研究综述 [J]. 现代职业教育，2022（13）：175-177.

[15] 董丽娟. 转型高校实践教学体系的科学构建与实施研究 [M]. 秦皇岛：燕山大学出版社，2021.

[16] 常安. 高校学前教育专业实践教学课程体系的构建 [J]. 新课程，2023（3）：88-90.

[17] 丁玉. "校企园"协同育人模式下的高职师范院校学前教育专业实践教学体系探索 [J]. 宁波教育学院学报，2022，24（1）：99-104.

[18] 潘丽娜. 高职学前教育音乐教学"课证岗赛"融合的课程教学改革与实践研究 [J]. 电脑迷，2023（2）：88-90.

[19] 柴华. 师范专业认证下学前教育专业实践教学体系的构建 [J]. 新课程研究，2023（33）：81-83.

[20] 张庭辉，李采光，张丽. 校外导师制在幼儿教师职前培养中的应用［J］. 陕西学前师范学院学报，2019，35（7）：129-133.

[21] 张钡. 学前教育专业产学研合作教育模式的实践与研究 [J]. 文教资料，2017（14）：104-105，129.

[22] 邢莉莉，杨茜，张雪. 基于师范认证的学前教育专业"全实践教学体系"的构建：以沧州师范学院为例 [J]. 沧州师范学院学报，2023，39（4）：91-96.

[23] 蒋晨晓. 基于"OBE-UCK"的实践教学体系重构与实践：以学前教育专业为例 [J]. 阜阳职业技术学院学报，2023，34（2）：39-44.

[24] 张冬霞，李玉峰，左俊楠，等. OBE 理念下学前教育专业人才培养模式探析 [J]. 张家口职业技术学院学报，2022，35（2）：29-31.

[25] 王静静. 产教融合背景下高校学前教育专业实践教学体系的探索 [J]. 前卫，2022（11）：238-240.

[26] 牟映雪，丁林丽. 学前教育专业人才培养质量监测及提升的体系建构 [J]. 天津师范大学学报（基础教育版），2020，21（2）：92-96.

[27] 卢春霞. 专业认证背景下学前教育专业"三习"一体化实践教学模式的构建：以广西民族师范学院为例 [J]. 广西民族师范学院学报，2023，40（2）：116-122.

[28] 郭利婷，李晖，陈晓凤."建构"以促进儿童发展为起点"的学前教师教育实践教学体系：基于中美学前教师教育的对比分析及启示 [J]. 陕西学前师范学院学报，2022，38（4）：32-39.

[29] 姚鑫. 基于虚拟现实技术的学前教育专业实践教学改革探索 [J]. 科技风，2023（5）：94-96.

[30] 尹伟佳.VR 技术在学前教育教学中的应用 [J]. 中国新通信，2023，25（7）：74-76.

[31] 教育部办公厅. 教育部办公厅关于印发《本科层次职业教育专业设置管理办法（试行）》的通知 [R/OL].（2021-01-22）[2021-08-20].http：//www.gov.cn/zhengce/zhengceku/2021-01/29/content_5583672.htm.

[32] 贺红涛，马郁. 基于虚拟仿真技术的高职学前教育专业理论课程实践教学改革研究 [J]. 科技风，2023（19）：126-128.

[33] 赵敬蒙. 虚拟现实技术在学前教育中的应用研究 [J]. 人物画报：上旬刊，2020（10）：1.

[34] 喻桃义，熊淑萍，张美珍.AR 技术在学前教育中的传播效果研究 [J]. 教育教学论坛，2023（35）：45-48.

[35] 张麒.AR 环境下的幼儿美术 ATDE 教学活动设计与实践研究 [D]. 兰州：西北师范大学，2021.

[36] 罗红霞. 职业本科院校学前教育专业实践教学评价体系构建 [J]. 宁波职业技术学院学报，2021，25（6）：42-46，66.

[37] 杨凤林."临床化"培养模式下学前教育专业实践教学策略探析 [J]. 职业教育（中旬刊），2022（2）：33-35.

[38] 杨海华，栾松霞，宋怡宁. 职业本科学前教育专业实践教学增值性评价的

内涵意蕴与实施路径[J].职业技术教育，2023，44（20）：73-79.

[39] 高宏钰，杨雨欣.人工智能技术对学前教育的影响：机遇与挑战[J].福建教育，2023（20）：20-22.

[40] 宋臣，戴庆倩.高质量发展视域下学前教育专业实践教学的问题与对策[J].湖北开放职业学院学报，2023，36（10）：180-182.

[41] 尹秋实，马侨惠."理实一体化"背景下学前教育专业PBL实践教学模式的构建[J].宿州教育学院学报，2023，26（4）：51-55.

[42] 潘丽莎.基于AI人工智能的学前教育机器人对话系统研究[J].自动化与仪器仪表，2023（5）：245-248.

[43] 卫红梅.高职学前教育专业能力本位教学评价的思考[J].教育观察，2022，11（15）：101-104.

[44] 宣莹.学前教育评价工作的发展现状与展望[J].好家长，2022（21）：27-29.

[45] 张婷，路萍.过程性评价在学前教育学课程中的应用与实践[J].亚太教育，2021（15）：65-66.

[46] 王媛媛.基于多传感信息融合的学前教育机器人导航定位研究[J].自动化与仪器仪表，2023（9）：233-236.

[47] 刘莎莎，李晓飞.学前教育专业实践教学体系中教育研习的应用探索[J].文存阅刊，2021（27）：121-122.

[48] 肖华锋.学前教育专业实践教学教育实习现状及对策研究[J].湖北成人教育学院学报，2022，28（4）：18-23.